"El libro poco frecuente que es a la vez inspirador e inmediatamente práctico. La sabiduría que Michael y Megan comparten es el subproducto de años de trabajo como dos de los *coaches* profesionales de mayor confianza en los Estados Unidos. ¡Recomiendo encarecidamente *Los 5 principios del equilibrio*!".

—CHRIS McCHESNEY,
autor de éxitos de ventas, líder de ejecución en FranklinCovey

"Éxito no significa sacrificar una vida plena, y una vida plena no requiere sacrificar el éxito. En este libro tan conmovedor, Michael y Megan comparten estrategias para la magia que se produce cuando las personas triunfadoras están plenamente presentes para sus familias y sus comunidades también. Muy recomendado para cualquiera que busque ganar en todas las esferas de la vida".

—LAURA VANDERKAM,
autora de *Off the Clock* y *La escuela de posibilidades de Juliet*

"Lleno de ideas y herramientas prácticas y que hacen pensar, este libro ayudará incluso al profesional más ocupado a transformar la tensión existente entre trabajo y vida en una verdadera Doble Ganancia".

—JOHN C. MAXWELL,
fundador de The Maxwell Leadership Enterprise

"Todos batallamos con las demandas de tiempo y energía de manejar nuestra vida personal y profesional. Michael Hyatt y Megan Hyatt Miller demuestran que esto no es un juego de suma cero. Realmente se pueden tener ambas cosas si seguimos sus pautas claras y prácticas".

—Dr. JOHN TOWNSEND,
coautor del éxito de ventas del *New York Times*, *Límites*

"Una guía fascinante y práctica para transformarte de estar abrumado a estar en control. Tu equipo te lo agradecerá, y también lo hará tu familia".

—EMILY BALCETIS,
autora de *Clearer, Closer, Better*;
profesora asociada de psicología de NYU

"Michael Hyatt y Megan Hyatt Miller han descifrado el código para transformar tu productividad y tus relaciones. Si estás buscando ese "eslabón perdido" para recuperar tu vida y tu tiempo, ¡corre, no camines, hacia este libro!".

—JULIE SOLOMON,
presentadora de *The Influencer Podcast*

"Práctico, sincero, y lleno de sabiduría obtenida con esfuerzo, *Los 5 principios del equilibrio* podría ser la guía más completa para una vida próspera que he encontrado".

—TODD HENRY,
autor de *The Motivation Code*

"Un libro brillante y oportuno que finalmente da respuesta al ruido de la cultura del #ajetreo con perspectiva y evidencia. Un claro recordatorio de que realmente hay otro camino (mejor)".

—BRUCE DAISLEY,
autor de *Eat Sleep Work Repeat*; Exvicepresidente de Twitter
para Europa, Oriente Medio y África

"Este libro tiene la capacidad de cambiar tu modo de pensar y trabajar de un modo profundo. Si usas los principios y las prácticas que Michael y Megan han desarrollado, no solo ganarás, sino que también encontrarás la paz mental y la satisfacción que todos nos esforzamos por alcanzar en la vida".

—CRAIG GROESCHEL,
pastor de Life.Church; autor de éxitos de ventas del
New York Times

"Nos encanta trabajar. No hay nada de malo en eso. Pero ¿qué sucede cuando el trabajo domina nuestras vidas? Michael y Megan dejan al descubierto lo que el trabajo excesivo nos está haciendo (pista: es malo). ¡Pero no se detienen ahí! Comparten cinco sencillas prácticas para ayudar a profesionales ocupados y abrumados (como tú y yo) a experimentar éxito en la oficina, y también en el resto de nuestras vidas".

—IAN MORGAN CRON,
coautor del éxito de ventas *El camino de regreso a ti*

"Michael Hyatt y Megan Hyatt Miller han ayudado a miles de personas a derribar las barreras que evitan que encuentren el balance entre trabajo y vida. Ahora han condensado su experiencia en un libro accesible, razonado, y profundamente útil".

—ALEX SOOJUNG-KIM PANG,
fundador de Restful Company; autor de *Descansa* y *Shorter*

"¡Michael y Megan te mostrarán que es posible ganar en el hogar y en el trabajo! Juntos, nos muestran cómo trazar nuestro rumbo y marcar nuestra senda".

—CHRIS HOGAN,
autor del éxito de ventas *Everyday Millionaires*; presentador de *The Chris Hogan Show*

"Mi primer papel en la vida de Michael fue como su *coach* ejecutivo hace unas décadas atrás. Y desde este punto de inicio, él y yo nos hemos convertido en buenos amigos a medida que él ha evolucionado desde su papel como líder empresarial a líder de pensamiento de liderazgo y vida. Digo esto porque he observado de primera mano los principios que él y su compañera e hija Megan, increíblemente dotada, bosquejan en las páginas de este fantástico libro. Hallar el equilibrio en la vida es posible. Te aliento a que agarres tu pluma y te sumerjas en las páginas que siguen, para que puedas lograrlo".

—DANIEL HARKAVY,
fundador de *Building Champions*

"He conocido a Michael durante décadas, y cada vez que tiene algo que decir, sé que va a ser realmente útil. Este libro es una prueba más de eso: práctico como siempre, ¡pero también profundo!".

—JOHN ELDREDGE,
presidente de *Wild at Heart*; autor de éxitos de ventas

"Deberíamos tener profundas sospechas de cualquier enfoque que requiera un sacrificio de la vida familiar a fin de tener éxito en el trabajo, o viceversa. Nadie gana verdaderamente el juego a menos que gane en ambos ámbitos, y este elegante libro detalla cómo podemos alcanzar la 'Doble Ganancia' y disfrutar del proceso".

—RAY EDWARDS,
estratega de comunicación; autor de *How to Write Copy That Sells*

"Michael Hyatt y Megan Hyatt Miller arremeten contra la falsa idea de que el éxito en el trabajo solo se obtiene fracasando en el hogar. Ellos señalan un modo mejor de vivir y trabajar, uno en el que ganar en un área alimenta a la otra".

—SKIP PRICHARD,
presidente y CEO, OCLC, Inc.; autor del éxito de ventas del *Wall Street Journal El libro de los secretos*

"Este libro no solo será extremadamente útil para ti mientras buscas transitar por tu Doble Ganancia, también puedes estar seguro de que al estar escrito por un papá y su hija, tiene el sello de autenticidad. Y de verdad. Tuve la alegría de observar de primera mano el desarrollo de gran parte de lo que Michael y Megan escriben. Te va a encantar este libro".

—ROBERT WOLGEMUTH,
autor de éxitos de ventas

"Aquí está la buena noticia: no hay que sacrificar la felicidad personal por el éxito profesional. Si dudas de eso, lee el último libro de Michael Hyatt y Megan Hyatt Miller. Este es más que un libro de negocios. Es una historia personal inspiradora de transformación de trabajo y vida".

—BOB GOFF,
autor del éxito de ventas *El amor hace*

"*Los 5 principios del equilibrio* es una lectura que transforma".

—PATRICK LENCIONI, CEO
y fundador de *The Table Group*; autor de los éxitos de venta de *Las cinco disfunciones de un equipo* y *La ventaja*

LOS 5 PRINCIPIOS DEL EQUILIBRIO

ESTRATEGIAS FÁCILES DE APLICAR QUE MEJORAN TU BIENESTAR PERSONAL Y MAXIMIZAN TU PRODUCTIVIDAD

MICHAEL HYATT &
MEGAN HYATT MILLER

Traducción al español por Belmonte Traductores
www.belmontetraductores.com
Editado por: Ofelia Pérez

LOS 5 PRINCIPIOS DEL EQUILIBRIO
Estrategias fáciles de aplicar que mejoran tu bienestar personal y maximizan tu productividad

Publicado originalmente en inglés en 2021 bajo el *título Succeed at Life, 5 Principles to Free Yourself from the Cult of Overwork,* por Baker Books, una división de Baker Publishing Group, Grand Rapids, MI

ISBN: 979-8-88769-415-3
eBook ISBN: 979-8-88769-416-0
Impreso en los Estados Unidos de América

Whitaker House
1030 Hunt Valley Circle
New Kensington, PA 15068
www.espanolwh.com

Por favor, envíe sugerencias sobre este libro
a: comentarios@whitakerhouse.com.

1 2 3 4 5 6 7 8 9 10 11 **W** 32 31 30 29 28 27 26 25

CONTENIDO

1

LA DOBLE GANANCIA

Las decisiones realmente difíciles...
son dilemas genuinos porque cada lado está arraigado
firmemente en uno de nuestros valores centrales básicos.

RUSHWORTH KIDDER[1]

Sus lágrimas nacían de años de sufrimiento silencioso. Cada gota cargaba con un recuerdo alimentado de un pozo profundo de dolor. Sentado junto a mi esposa, Gail, en nuestra guarida familiar, a mí me agarró fuera de guardia. Sentí como si no hubiera pañuelos de papel suficientes en todo el mundo para enjugar el dolor.

Gail y yo llevamos casados más de cuarenta años. Ella siempre ha sido mi mayor defensora y animadora; pero aquella tarde, un resentimiento y lamento silenciosos salieron finalmente a borbotones. Yo quería defenderme. Por fortuna, de algún modo tuve la entereza para mantener mi boca cerrada el tiempo suficiente para escuchar.

Varias horas antes, había estado sentado con mi jefe en su espaciosa oficina de primer nivel en Thomas Nelson Publishers. Las paredes estaban llenas de libros colocados que nuestra empresa había publicado. Me sentía orgulloso al mirar todos los lomos; después de todo, mi equipo y yo habíamos producido algunos, incluidos algunos éxitos de ventas; al mismo tiempo que transformábamos la división que menos rendimiento tenía en la empresa, en su principal generadora de ganancias.

Pero el CEO me había llamado para algo más que para decirme: ¡bien hecho! Se inclinó sobre el escritorio y me entregó el mayor cheque como bonificación que yo había visto nunca. Tuve que leer la cifra dos veces. ¡Era mayor que mi salario anual! En cierto modo, resistí el potente impulso de llamar a Gail para darle la noticia. Quería decírselo en persona. Sabía que ella se entusiasmaría.

Los dos teníamos un pacto no declarado, que se remontaba a nuestros primeros años juntos. Esto es lo que decía, más o menos: Tenemos una gran familia, con cinco hijas y muchos gastos. Yo saldré a trabajar y haré lo que sea necesario para proveer nuestro sustento. Mientras tanto, Gail se ocupará de la casa. Nos reportaremos ocasionalmente, pero nos mantendremos en nuestros ámbitos.

Y fuimos en direcciones separadas: yo al trabajo, Gail a dirigir el hogar. Mi carrera era en gran parte todo para mí en ese entonces, y Gail se encontraba frecuentemente cubriéndome con las niñas mientras yo trabajaba en las noches y los fines de semana. Ella nunca se quejó a mis espaldas por mi ausencia. Precisamente lo contrario. "Sé que a papá le gustaría estar aquí", les decía a las niñas, "pero lo que está haciendo es importante. Estoy muy orgullosa de él por lo duro que trabaja para nosotras".

La negligencia en un área señala con frecuencia negligencia en otras. Yo no solamente no servía adecuadamente a mi familia, sino que tampoco me ocupaba bien de mi salud en aquellos tiempos. Pensaba que podría seguir adelante adecuadamente comiendo comida chatarra y posponiendo indefinidamente el hacer ejercicio.

Pero ahora, después de trabajar de setenta a ochenta horas por semana, de viajar incontables horas por aeropuertos fríos e impersonales, y de perderme demasiados eventos familiares, la recompensa estaba ahí. El inmenso cheque con la bonificación que tenía en mi bolsillo era prueba de que todo valió la pena. Cuando volví a comprobar la cifra, todos los ceros que había antes del punto los sentí como una validación.

Cuando finalmente llegué a casa, sonreía de oreja a oreja. Me había embolsado el premio más grande. Y contra todas mis expectativas, sin embargo, Gail estaba… hundida.

"Cariño", dijo finalmente, "realmente quiero emocionarme por ti, pero tenemos que hablar". Vaya. ¿Ningún choque de manos? ¿Nada de: "abramos la botella de champán?". Ella me condujo a nuestro refugio. Mientras nos sentábamos, noté que le temblaban los labios. Ella se recompuso.

"Mira, Michael, te amo", dijo. "Estoy muy orgullosa de ti. Agradezco todo lo que estás haciendo para sostener esta familia, pero tengo que ser sincera… Nunca estás en casa. Tus cinco hijas te necesitan. Incluso cuando estás en casa, realmente no estás aquí; estás en otro lugar". Hizo una pausa, llorando mientras sopesaba sus palabras. "Sinceramente, me siento como una mamá soltera".

LA FALACIA DE LA OCUPACIÓN Y EL FRENO DE LA AMBICIÓN

Todos comenzamos nuestras vidas profesionales, cambiamos de empleo, y aceptamos los ascensos con buenas intenciones. Nadie comienza pensando: "Las decisiones que tome hoy aislarán a mi cónyuge y harán que mis hijos me aborrezcan", o "Los patrones que establezco ahora conducirán al agotamiento y a estar quemado", o "Es momento de comenzar a cambiar mi salud por riqueza".

En cambio, imaginamos los beneficios financieros, emocionales y sociales que provendrán del trabajo significativo. Nuestras opciones están abiertas, y nuestro futuro se ve brillante.

Pero cuando el estrés y las presiones se intensifican en el trabajo, como invariablemente sucede, muchos de nosotros caemos en la falacia de la ocupación. Pensamos que si trabajamos un poco más duro, podremos dejar atrás toda la presión. Las demandas se siguen amontonando, e intentamos correr todavía más rápido. Esperamos ponernos al día, tal vez incluso adelantarnos, si tan solo trabajamos de modo más inteligente y dominamos la productividad personal. Pero, sin importar lo que hagamos, las obligaciones son más que nuestra actividad.

Trabajamos por más tiempo y dormimos menos; solucionamos problemas en la oficina a la vez que creamos otros nuevos en el hogar; asistimos a más reuniones y nos saltamos más comidas, juegos y noches con amigos; planeamos proyectos más grandes y llevamos unas vidas más pequeñas. Suponemos que finalmente seremos libres para hacer una pausa, relajarnos, y prestar atención a nuestra salud y nuestras relaciones. Pero no pasa mucho tiempo hasta que la palabra *finalmente* se convierte en otro modo de decir *nunca*. Nuestra vida se convierte en lo que la investigadora Ann Burnett denomina un "diariotón".[2]

Ante este panorama poco atractivo, algunas personas optan por una realidad completamente diferente. Se niegan a sacrificar su salud o sus relaciones y reducen intencionalmente el ritmo de su carrera profesional. En lugar de esforzarse más, pisan el freno de la ambición.

Pero esta opción tiene sus propios sacrificios. Aplicar el freno de la ambición podría asegurar nuestra salud y nuestra familia, pero terminamos con potencial no utilizado, menores ingresos, y otras pérdidas. El estrés o las horas de locura ya no aplastan nuestra salud o nuestra vida personal, pero los sueños y ambiciones profesionales no cumplidos podrían igualmente aplastar nuestra alma. Y es ahí donde interviene mi historia (Megan).

LA DECISIÓN IMPOSIBLE

Como podrías suponer por mi nombre, soy la hija de Michael. También soy la directora ejecutiva de la empresa Michael Hyatt & Co. Antes de ocupar ese papel, trabajé por varios años como jefa de operaciones. Pero casi no llegué a ocupar esas posiciones.

Cuando mi esposo Joel y yo nos casamos, yo estudiaba comunicaciones en la academia New Hope, una escuela privada sin fines de lucro con una misión de reconciliación racial en Franklin, Tennessee. Él era un vicepresidente de Thomas Nelson.

Tras un par de años juntos, decidimos adoptar a dos niños de Uganda. Eran muy pequeños, pero los dos habían experimentado ya muchos traumas. Aun así, pensábamos que estaríamos a la altura del reto. Teníamos a Jesús, la tienda Target, y el supermercado Whole Foods. Eso y un poco de amor puede resolver cualquier cosa, ¿no es cierto?

Desde el inicio estábamos con el agua al cuello. Poco después de llegar a casa, dejé mi empleo para ocuparme a tiempo completo de nuestros muchachos. Pero terapias y especialistas no son baratos. No podíamos permitirnos la ayuda que necesitábamos solamente con el salario de Joel, así que tenía que encontrar un empleo a tiempo parcial en algún lugar.

En torno a este tiempo, mi papá lanzó la empresa Michael Hyatt & Co. Poco después necesitó un gerente a tiempo parcial, y pensamos que yo podría hacer ese trabajo en aproximadamente diez horas por semana. Dada nuestra situación, parecía la solución perfecta; por lo tanto, acepté el empleo.

Despegamos como un cohete. A medida que el negocio se desarrollaba, mis diez horas se convirtieron en veinte, y después en treinta, y más tarde en cuarenta. El ámbito de mi papel y el tamaño de mi salario crecieron juntamente con las horas. De hecho, dos años después, mi potencial de salario sobrepasaba el de Joel. Él dejó Nelson y comenzó como independiente, organizando las cosas en la casa, mientras yo seguía esta oportunidad que se desarrollaba rápidamente. Fue entonces cuando enfrenté una decisión imposible.

Al final, mi papá y yo entendimos que necesitábamos algo más que un gerente. Necesitábamos un jefe de operaciones. Ambos sabíamos que yo sería estupenda para esa posición; pero yo también entendía que sería más demandante que cualquier otra cosa que había hecho hasta entonces, y eso presentaba un dilema.

Podía convertirme en la jefa de operaciones o criar exitosamente a mis hijos. Así era como me sentía: una *o*, no una *y*. Podía alcanzar mi potencial como ejecutiva, pero mis hijos sufrirían. Alternativamente, podía dirigir mis atenciones hacia la casa, pero tendría que ocupar un asiento trasero en la empresa que ayudé a construir. Podía ganar en el trabajo, o podía tener éxito en la vida, pero parecía que no podía hacer ambas cosas.

UNA SOLUCIÓN MEJOR

Así era exactamente como yo me sentía (Michael) cuando me senté con Gail hace tantos años atrás. Yo estaba ganando en el trabajo. Estaba alcanzando y superando mis cifras. Estaba liderando a mi equipo. No podía defraudarlos. Ellos esperaban y se merecían perseguir otros logros mejores y más elevados. Mi jefe también; literalmente, él contaba con eso.

Claro que Gail y las niñas también me necesitaban, y yo sabía que ganar en la vida incluía áreas adicionales que merecían mi atención: salud, amistades, pasatiempos, y todas las actividades y aficiones que tiene una persona balanceada.

La decisión no podía ser tan binaria entre ocupación o freno. Tenía que haber una solución mejor.

Al enfrentar una elección tan imposible, es sabio buscar una tercera opción. No fue la primera vez que la adicción al trabajo había causado problemas en mi matrimonio; en el capítulo siguiente compartiré otra historia. Pero la llorosa protesta de Gail fue la que más me hizo pensar hasta la fecha. Tenía que encontrar una respuesta.

> Al enfrentar una elección tan imposible, es sabio buscar una tercera opción.

Comencé a hacerme la pregunta: ¿Había otro modo? ¿Uno que no me costara mi carrera profesional o mi familia? ¿Uno que no me dejara con toda una vida de puentes quemados, mala salud, desastre financiero, y lamentos familiares? ¿Y si podía ganar en el trabajo *y* tener éxito en la vida? Me tomó varios años de investigación, experimentación y autodescubrimiento, pero me alegra reportar que encontré esa tercera opción tan elusiva. Lo llamamos la Doble Ganancia. Eso es lo que pretende mi empresa en la actualidad, y es también de lo que trata este libro ahora.

No alteramos nuestra trayectoria corriendo más rápido o más lento. Y como dice Andy Stanley: "La dirección, no la intención, conduce al destino".[3] Debemos imaginar un destino diferente y entonces cambiar nuestro rumbo para llegar allí.

Por fortuna, cerca de la misma época, yo (Megan) consideré la oferta de ser jefa de operaciones, y asistí a una conferencia en la que una de las conferencistas, una CEO de un negocio muy exitoso y mamá de varios hijos, ayudó a dibujar una imagen diferente para mí. Ella dijo: "No hay nada en mi

LA DOBLE GANANCIA VE
EL TRABAJO Y LA VIDA
EN COLABORACIÓN,
NO EN OPOSICIÓN.

negocio tan importante que no pueda manejarse en el horario entre las 8:30 de la mañana y las 3:30 de la tarde, de modo que puedo estar en la casa con mis hijos sin comprometer los resultados de mi negocio".

Aquella fue la primera vez que había escuchado esa perspectiva de labios de una ejecutiva. Su observación abrió una nueva sensación de posibilidad. Yo no tenía que trabajar más de cincuenta horas por semana y descuidar a mis hijos. Ahí estaba mi tercera opción.

Le dije a mi papá que podía aceptar el empleo con una condición: tenía que desconectar del trabajo e irme todos los días a las 3:00 de la tarde para recoger a los niños en la escuela. Quería ser yo quien estuviera allí para saludarlos, enfocada plenamente en su día sin las distracciones del e-mail, mensajes de texto sobre el negocio, o estar enganchada al teléfono. Él estuvo de acuerdo, acepté el empleo, y hemos estado desempeñando alguna versión de ese horario desde entonces.

Mi historia es un ejemplo de la Doble Ganancia, la cual ve el trabajo y la vida en colaboración, no en oposición. Se complementan y se alimentan mutuamente. Ganar en el trabajo nos da la confianza, la alegría y el apoyo financiero necesarios para sostener nuestras prioridades personales. Tener éxito en la vida fomenta claridad mental, creatividad, y un cuerpo descansado para así poder enfocarnos en el trabajo que más importa.

Esto no es una esperanza abstracta, es una realidad concreta y diaria. La vivimos. Nuestros empleados la viven. Nuestros clientes de *coaching* la viven, y es una posibilidad real también para ti. Pero existe un obstáculo.

EL CULTO AL TRABAJO

Para la mayoría de nosotros, nuestra sensación de lo que es posible queda moldeada por el culto al trabajo. Es una creencia muy extendida, endémica tanto en corporaciones grandes como en pequeñas empresas. Y engloba en su influencia a un inmenso número de trabajadores. Sabiéndolo o no, hasta un grado u otro, millones de nosotros hemos aceptado la idea que dice:

- el trabajo provee la orientación principal para la vida;
- las limitaciones asfixian la productividad;
- el balance entre el trabajo y la vida personal es un mito;
- una persona debería estar siempre ocupada; y
- el descanso desperdicia tiempo que de otro modo podría emplearse en trabajar.

Tal vez nunca verbalizamos de modo consciente esas ideas, y muchos de nosotros las negaríamos cuando se formulan de manera tan clara; sin embargo acechan en un segundo plano, influyendo silenciosamente en nuestros pensamientos y acciones.

El impacto de este sistema de creencia en nuestras vidas es asombroso. Pensemos en la salud. Ocho de cada diez trabajadores en los Estados Unidos sufren estrés en el trabajo.[4] Cuando estamos bajo presión, tendemos a abandonar los hábitos de cuidado personal de la salud, lo cual aumenta el problema.[5] Las personas que trabajan más de 55 horas cada semana aumentan su probabilidad de sufrir un ataque al corazón en un 13 por ciento, y de apoplejía en un 33 por ciento, comparado con quienes trabajan solamente de 35 a 40 horas.[6] Eso sin mencionar dolores de cabeza por la tensión, problemas digestivos, alta presión arterial y colesterol, disminución de la libido, y niveles elevados de epinefrina y cortisol; a todo lo cual contribuye el trabajo en exceso.

¿Y qué hay con las relaciones? Tres cuartas partes de los profesionales estadounidenses dicen que el estrés mina sus conexiones personales.[7] Los emprendedores parecen sufrir índices de divorcio considerablemente más elevados que otras personas.[8] Lo mismo sucede con los directores generales.

Estos empleos de alta presión serían suficientes para tensar cualquier relación, pero las largas horas y una atención exclusiva al trabajo conducen al el colapso matrimonial. "La razón número uno por la que los matrimonios de directores generales fracasan es falta de tiempo para la familia", según un reportaje de CNN. "Los directores generales están casi siempre en el trabajo y, cuando no lo están, están pensando en trabajo", dijo un abogado a quien se cita en el reportaje. "Terminas con relaciones fracturadas, donde el esposo y la esposa prácticamente llevan vidas separadas".[9]

El exceso de trabajo también daña la satisfacción en el trabajo, la productividad, y más cosas. Un estudio reciente del Centro Yale para la Inteligencia Emocional examinó la dedicación y el agotamiento en más de mil empleados estadounidenses. El veinte por ciento de los empleados reportó una alta dedicación *y* un alto agotamiento. Les apasionaba su trabajo, pero también sufrían a causa de eso.[10]

El estrés y la ansiedad constantes comprometen nuestra capacidad para pensar con claridad y tomar buenas decisiones. Nuestro juicio salta por la ventana, y cometemos más errores de lo normal.[11] Esto no solo produce un menor desempeño, sino que también actúa como un ciclo negativo de retroalimentación. El culto al trabajo es un sistema de creencia que se refuerza a sí mismo. Cuando trabajamos demasiado, ¡tendemos a pensar que la respuesta es más trabajo! Es un ejemplo clásico de lo que el economista Bryan Caplan denomina una "idea trampa".[12]

Las buenas ideas tienden a producir buenos resultados, y los buenos resultados refuerzan las buenas ideas. Pero lo contrario, como explica Caplan, también es cierto. Las malas ideas tienden a producir malos resultados y reforzar las malas ideas. "Cuando caemos en esta trampa", dice él, "normalmente lo único necesario para salir es el sentido común. Pero cuando las personas están desesperadas, el sentido común llega a ser incluso menos común de lo normal".[13]

Ser libres del culto al trabajo requiere interrumpir el ciclo negativo de retroalimentación con ideas nuevas y mejores, por eso escribimos *Los 5 principios del equilibrio*. Queremos ofrecer a nuestros compañeros triunfadores parte de ese sentido común que a veces es tan difícil seguir. En las páginas siguientes, presentamos no solo un rechazo del culto al trabajo, sino también un camino demostrado que puedes seguir para experimentar la Doble Ganancia por ti mismo. Hablemos sobre cómo hacerlo.

CINCO PRINCIPIOS DE LA DOBLE GANANCIA

Los triunfadores se sienten impulsados a trabajar demasiado debido a una variedad de razones, algunas buenas, algunas malas, y otras inherentes a la naturaleza misma del trabajo. Pasaremos tiempo mirando esas razones en el capítulo siguiente.

Ahora ofreceremos nuestra contrapropuesta al culto al trabajo: los cinco principios de la Doble Ganancia. Aquí tenemos un resumen de cada uno.

1. EL TRABAJO ES SOLO UNA DE MUCHAS MANERAS DE ORIENTAR TU VIDA.

Hay varios ámbitos además del trabajo; pero familia, amigos, comunidad, salud física y emocional, y todo el resto, quedan fácilmente marginados mientras perseguimos ambiciones profesionales. El culto al trabajo oscurece el hecho de que el éxito solamente es sostenible cuando la mayoría de estos ámbitos se desarrollan en conjunto, lo cual es todo un reto.

La tecnología alienta que el trabajo llegue hasta nuestras noches y fines de semana; y eso eclipsa otras actividades que mejoran la vida, lo cual debilita nuestras vidas personales y también profesionales. Una cultura que fomenta que los empleados trabajen a todas horas dañará las estructuras de apoyo que hacen que esos empleados sean buenos en sus trabajos en un principio.

La vida es multidimensional, y el éxito también lo es. Apostamos a que llegaste hasta este libro porque crees que eso es cierto, pero no has tenido las herramientas adecuadas para proteger estos otros ámbitos. Hablaremos sobre cómo hacerlo a medida que avanzamos.

> La vida es multidimensional, y el éxito también lo es.

2. LAS LIMITACIONES FOMENTAN PRODUCTIVIDAD, CREATIVIDAD Y LIBERTAD.

Al principio de nuestras carreras profesionales, a ninguno de nosotros nos enseñaron a apreciar el poder de establecer límites; pero todos tenemos una cantidad finita de tiempo, dinero, energía, banda ancha mental y capacidad creativa.

Como no podemos hacerlo todo, las limitaciones nos fuerzan a tomar decisiones. Tenemos que decidir dónde y cómo emplear mejor nuestro tiempo, dinero, y demás cosas.

Al trabajar dentro del límite, experimentamos unas ganancias tremendas. No solo mejora nuestra productividad, sino que también lo hace nuestra capacidad para pensar con frescura. También somos libres para involucrar toda nuestra vida, no meramente las partes vinculadas a nuestra computadora o teléfono inteligente. Irónicamente, cuando nos negamos a reconocer las limitaciones naturales de la vida es cuando se llevan lo mejor de nosotros. Por otro lado, si adoptamos los límites, podemos convertirlos en ayudas para el logro.

3. EL BALANCE ENTRE TRABAJO Y VIDA ES VERDADERAMENTE POSIBLE.

Muchos creen que lograr un balance entre trabajo y vida es un mito, porque suponen que el balance es un intento de alcanzar cierto estado de equilibrio zen donde todo está en perfecta proporción y alineación. Una vez logrado, estás listo para siempre. Como eso es imposible, creen que el equilibrio también lo es. Pero esa no es la realidad, ni es lo que defendemos.

El balance entre trabajo y vida es dinámico, no estático. Pensemos en la gimnasta que camina sobre una viga de equilibrio, o un acróbata que camina sobre la cuerda floja, que hace ajustes constantes. El balance requiere de nosotros que anticipemos las variables y lidiemos con ellas; también requiere que sopesemos los diferentes ámbitos de la vida intencionalmente y con una perspectiva hacia comprobar que todos obtienen la atención que requieren. No se trata de la distribución perfecta de nuestros esfuerzos e intereses, tiempo y talentos, ni cualquier otra cosa tan precisa. Se trata de no perder de vista lo importante, de no dejar caer la pelota por haber desviado la mirada y olvidado regresar a ella.

Dadas las presiones culturales y laborales, esto es especialmente agobiante para las mujeres profesionales. Exploraremos por qué, y también qué puede hacerse al respecto.

4. EXISTE UN PODER INCREÍBLE EN LA FALTA DE LOGRO.

Los triunfadores batallan al oír esto, pero muchas de las actividades más enriquecedoras y restauradoras en nuestra vida son un fin en sí mismas: pasatiempos, arte, crianza de los hijos, amistades, música, vino, manualidades, juegos, y muchas más.

Esto es difícil de aceptar porque las personas con alto rendimiento quieren medirlo todo; hay que contarlo, o no tiene importancia. Estamos programados para buscar el tan importante retorno de la inversión; pero no todo es una meta. No todo tiene un retorno de inversión que medir, al menos no a corto plazo.

Aún más problemático es creer erróneamente que el logro siempre es bueno y que la falta de él es inútil. Como veremos, esto genera grandes dividendos.

5. EL DESCANSO ES EL FUNDAMENTO DE UN TRABAJO SIGNIFICATIVO Y PRODUCTIVO.

El culto al trabajo devalúa el descanso. El sueño no tiene un valor comercial, ¿correcto? De hecho, algunos lo consideran como el enemigo. Si no tenemos cuidado, podemos considerar el descanso como un mal necesario, una necesidad biológica que soportamos a regañadientes para seguir trabajando y consumiendo.

CULTO AL TRABAJO	PRINCIPIOS DE LA DOBLE GANANCIA
• El trabajo es la orientación principal para la vida.	• El trabajo es una de muchas maneras de orientar la vida.
• Las limitaciones ahogan la productividad.	• Las limitaciones fomentan productividad, creatividad y libertad.
• El balance entre trabajo y vida personal es un mito.	• El balance entre trabajo y vida personal es verdaderamente posible.
• Una persona debería estar siempre ocupada.	• Hay un poder increíble en la falta de logro o en un fracaso.
• El descanso desvía tiempo que podría dedicarse a más trabajo.	• El descanso es el fundamento para un trabajo significativo y productivo.

No importa la abrumadora cantidad de evidencia que muestra que el sueño rejuvenece nuestra mente y nuestro cuerpo, nos mantiene agudos, e impulsa el desempeño. El sueño no es solamente el arma secreta de la productividad mejorada, sino también el fundamento para ella.

Cuando subestimamos el valor del sueño, tampoco entendemos las consecuencias negativas cuando nosotros y nuestro equipo estamos privados de horas de sueño. Descubriremos que el descanso es un bien activo, y obtendremos una nueva apreciación por el descanso deliberado como herramienta para estimular y sostener la creatividad en el trabajo y en la vida.

LA DECISIÓN DE LA DOBLE GANANCIA

Los dos hemos hecho muchos sacrificios por nuestras carreras profesionales a lo largo de los años. Estamos convencidos de que la compensación no valió la pena; no solo en términos de lo que le cuesta a nuestra vida personal, sino también lo que le cuesta a nuestro desempeño profesional. Lo que no entendimos por años, y lo que tal vez tú no entiendes en este momento, es que estas metas pueden lograrse simultáneamente. Si intentamos avanzar una a expensas de la otra, finalmente fracasaremos en ambas.

Por eso emparejamos cada uno de estos principios con una práctica para ayudarte a implementar los principios y escapar del culto al trabajo. Cuando comiences a practicar estos principios, confiamos en que mejorarán tus relaciones, tu salud y tu bienestar, junto con tu satisfacción en el trabajo y tu desempeño. De hecho, serás más productivo, creativo y capaz que nunca.

Durante los ocho últimos años, nuestro equipo en Michael Hyatt & Co. ha dado mentoría a miles de dueños de negocios, ejecutivos y líderes de organizaciones sin fines de lucro como tú, quienes se enfrentan una decisión imposible; y, al igual que nosotros, no quieren priorizar el éxito laboral sobre el éxito personal, ni viceversa. En cambio, se han comprometido con el concepto de Doble Ganancia y han cosechado los frutos.

Una y otra vez hemos visto a líderes multiplicar su rentabilidad *y* recortar sus horas. Los hemos visto alcanzar un éxito sin precedente en su carrera *y* en su vida personal. Hemos observado a nuestros clientes de *coaching* llegar a ser más productivos mientras están en el trabajo *y* plenamente presentes cuando están en su casa. Tan solo necesitaban un nuevo enfoque. Tal vez tú estás en el mismo barco.

Estamos agradecidos de que varios de nuestros clientes nos han dado permiso para compartir sus historias contigo en este libro. Como verás por sus relatos, la Doble Ganancia produce beneficios increíbles.

Nunca es demasiado tarde para cambiar de rumbo. Imagina lo que podría suceder si tú o tu empresa estuvieran operando a plena capacidad en lugar de caminar en la ilusión de que realmente lo hacen. Una vida excesivamente ocupada no es una necesidad económica; es un fracaso de la imaginación.

Si estás convencido de la Falacia de la Ocupación, o supones que la única alternativa es pisar el Freno de la Ambición, queremos que imagines algo diferente: imagina cómo sería tu vida si realmente tuvieras tiempo para tu carrera profesional, tus relaciones y el tiempo para ocuparte de ti mismo. ¿Suena atractivo eso? ¿Es algo que te gustaría experimentar por ti mismo? Si es así, comencemos.

2

EL CULTO AL TRABAJO

El trabajo da nobleza al hombre;
y lo convierte en un animal.

PROVERBIO ITALIANO[1]

Como emprendedor en serie, Kyle ha comenzado varios negocios, ha fracasado en algunos, ha vendido otros, y es dueño de varios otros. A lo largo del camino trabajó para una gran empresa de servicios legales valorada en 45 millones de dólares con oficinas en Minneapolis, Ciudad de Nueva York, West Palm Beach, y San Francisco. Él lideraba un equipo de 365 personas en operaciones, tecnología e innovación. Kyle ayudó a aumentar el negocio hasta los cien millones de dólares, y después los dueños lo vendieron a una empresa privada inversionista.

A fin de alcanzar ese nivel de éxito, él admite que estaba "totalmente consumido y enfocado en el trabajo". No solo había comprometido su vida familiar, sino que con el 50 por ciento de su tiempo que pasaba en la carretera, no estaba cuidando de sí mismo.

Permanentemente exhausto y agotado mentalmente, Kyle seguía por inercia. Pero el trabajo lo impulsaba. Las expectativas en el trabajo eran elevadas, y quería impresionar a su papá, alguien que viajaba el 60 o 70 por ciento del tiempo cuando Kyle era pequeño. Pero no podía mantener ese ritmo para siempre. La factura por su salud descuidada finalmente llegó.

Kyle y varios colegas estaban cenando en un lujoso restaurante en West Palm Beach, en Florida. Estaban ocupados trabajando en un proyecto grande. A medida que se acercaba el final de la cena, Kyle se sintió mareado. Trato de encontrar estabilidad cuando se levantaba de la mesa, pero aun así batallaba por mantenerse de pie. "Cuando caminábamos por el pasillo hacia la puerta central, me derrumbé y caí sobre el piso".

Sus compañeros de trabajo lo levantaron, lo ayudaron a llegar al auto, y lo llevaron de regreso a la habitación del hotel. El viaje no mejoró en nada el estado de Kyle; de hecho, se veía tan mal que prometió hablar con ellos en la noche para asegurarse de que todo iba bien. No lo hizo. Cuando ellos lo llamaron, Kyle estaba inconsciente.

Alarmados por su falta de respuesta, sus compañeros de trabajo convencieron al gerente del hotel para que entrara en su habitación. "Me encontraron desmayado en medio de un charco de sangre sobre el piso del baño", dijo Kyle. "Me llevaron enseguida a urgencias del hospital y me metieron en una máquina de resonancia magnética". Es entonces cuando dejó de respirar. "No podía inhalar ni exhalar", dijo él. "Lo último que recuerdo fue a un médico que saltó sobre mí, me agarraba la cara con sus manos y decía: '¡Kyle, vas a estar bien. Aguanta!'".

Tres días después, Kyle entró en la unidad de cuidados intensivos. Dijo que siempre había tenido una fe fuerte, pero ese momento fue como "caminar hacia Jesús". "Admití que el modo en que había estado viviendo no era el correcto", dijo. "No estaba disfrutando de ese ritmo de locura. Me había desbalanceado; me había situado a mí mismo en riesgo de muerte. Y tuve el regalo de una segunda oportunidad para enderezar las cosas".

Kyle se había presionado tanto a sí mismo que era una neumonía andante. Había tomado antibióticos, pero los médicos dijeron que su sistema inmune estaba debilitado. Cuando comió langosta aquella noche fatídica, el plato contenía bacterias que comprometieron su sistema respiratorio y dañaron su estómago, causando una hemorragia.

Con el tiempo que pasó en recuperación, Kyle utilizó su experiencia cercana a la muerte para la reflexión: "Recuerdo pensar: 'No quiero perderme todo. Quiero estar ahí para los momentos importantes con mi familia'. No se puede estar ahí para todo, pero hay algunas cosas en las que realmente quiero estar. El problema es que quedé atrapado en mi trabajo y el tiempo simplemente desapareció. Lo siguiente que supe era que habían pasado tres años. Miré atrás y pensé: '¿Dónde se fue ese tiempo? ¿En qué empleé mi tiempo? ¿Y esas cosas seguían siendo importantes?'".

¿UN FUTURO SIN LARGAS HORAS?

Según un estudio sobre el modo en que los CEO emplean su tiempo, el típico ejecutivo superior trabaja aproximadamente diez horas cada día laboral e incorpora otras ocho la mayoría de los fines de semana. También incluye unas dos horas y media por día la mayoría de los días de vacaciones. En total, el estudio descubrió que los CEO empleaban como promedio 62,5 horas por semana en el trabajo.[2] Desde luego, si contamos las horas empleadas improvisando en sus negocios y distraídos por preocupaciones en sus horas libres, son muchas más.

La tecnología moderna ha hecho que el culto al trabajo sea la norma. La investigación del *Research by the Korea Labor Institute* descubrió que los dispositivos inteligentes añaden más de once horas a la semana laboral, especialmente después de la hora de cerrar el negocio.[3] Otro estudio de ejecutivos, gerentes y profesionales descubrió que los teléfonos inteligentes amplían la semana laboral a más de setenta horas para la mayoría.[4]

Esto no significa que los profesionales estén profundamente concentrados en su trabajo durante todas esas horas. Pero, por lo general, al menos están monitoreando el trabajo, si no desplazándose, deslizando y dictando su camino a través de correos electrónicos, mensajes, informes, tareas y todo lo demás que se acumula mientras pasan la mayor parte de la jornada laboral oficial atrapados en reuniones. Eso también ocurre con frecuencia. Y setenta horas podría ser una cantidad insuficiente.

Un estudio inédito de *Harvard Business School* descubrió que los profesionales trabajaban o monitoreaban trabajo por más de 80 horas por semana.[5] No olvidemos que hay solamente 168 horas en una semana. Esa cantidad de horas inevitablemente desplaza a la familia, los amigos, el descanso, el ocio, e incluso las tareas básicas de la vida diaria.

Según especialistas y teóricos en el último siglo, nada de esto debería estar sucediendo. Se suponía que la tecnología iba a librarnos del trabajo excesivo, y no llenarnos de más trabajo. Ellos predijeron que la automatización nos permitiría tener montones de tiempo libre. En 1930, por ejemplo, el economista John Maynard Keynes dijo que solamente necesitaríamos trabajar quince horas por semana. "Tres horas por día es bastante suficiente para satisfacer al viejo Adán en la mayoría de nosotros", dijo.[6]

En 1932, el filósofo Bertrand Russell dijo: "La tecnología moderna ha hecho posible disminuir enormemente la cantidad de trabajo necesaria para producir los bienes necesarios para la vida para todos". Él imaginaba que las personas podrían salir adelante tan solo con cuatro horas de trabajo por día. Para entonces, Russell había estado diciendo eso por casi una década.[7] Muchos lo repitieron.

Al inicio de la década de 1910, varios escritores y comentaristas comenzaron a especular con que las personas no necesitarían trabajar más de seis, cuatro, tres, e incluso un tiempo tan corto como dos horas por día. El único problema imaginado era cómo utilizar las horas restantes. "El empleo que los sostenga se convertirá en una tarea bastante insignificante, y el ocio y los pasatiempos absorberán la mayor parte de nuestras energías", dijo Clifford Furnas, profesor de ingeniería química, en 1932. "¿Qué hacer? ¿Cómo mantenernos lejos de los problemas?".[8]

Este tipo de pensamiento sobrevivió a la Segunda Guerra Mundial y más allá. La caricatura *The Jetsons* (Los Supersónicos), que se estrenó en 1962, imaginaba el trabajo reducido a presionar botones varias veces cada día. Cuando George Jetson se despierta de una pesadilla después de trabajar "dos horas completas", su esposa, Jane, dice que su jefe está dirigiendo un taller de explotación laboral.[9]

Los guionistas del programa simplemente jugueteaban con las suposiciones prevalecientes acerca del trabajo en el futuro. "Para el año 2000", predijo la revista *Time* en 1966, "las máquinas estarán produciendo tanto, que todos en los Estados Unidos serán, en efecto, independientemente ricos".[10]

Claro está que los profetas estaban equivocados, al menos en parte. Días de doce a quince horas solían ser la nueva norma para los trabajadores manuales. Es cierto que esas horas han descendido para la mayoría de los trabajadores que tienen ese tipo de empleos; pero eso no es cierto para quienes hacen trabajo mental, ejecutivos, gerentes, creativos, y otros profesionales. ¿A qué se debe eso?

IMPULSADOS A TENER ÉXITO

Durante mi segundo año en la Universidad Baylor, yo (Michael) comencé mi carrera editorial en *Word Publishing* en Waco, Texas. Conseguí un empleo de jornada completa como director de mercadotecnia, y estaba muy ilusionado. En aquella época *Word* era el líder mundial en libros cristianos, y publicaba a autores éxitos de ventas como Billy Graham.[11]

Pero había un pequeño problema: conseguí el empleo porque era un mejor vendedor que negociante; de hecho, no tenía ninguna experiencia real en mercadotecnia; sin embargo ahí estaba yo, de repente siendo el responsable de toda la publicidad, la promoción, y las relaciones públicas para una editorial importante, además de dirigir a un equipo.

Como no estaba bien calificado, tenía un miedo de muerte a que me descubrieran. Me imaginaba al jefe de Recursos Humano llamando a mi puerta y diciéndome "Michael, el juego ha terminado. Ahora nos hemos dado cuenta de que no tienes ni una pizca de experiencia. Como no tienes ni idea de lo que haces, tienes diez minutos para recoger tus cosas". Ese temor me impulsaba a demostrar que podía hacer el trabajo mejor que ningún otro.

Además, tenía un insaciable e inherente impulso de triunfar. Mi fortaleza principal, según mi perfil de *StrengthsFinde* (una herramienta en línea para identificar las fortalezas de una persona), es *triunfador*. Me encantaba subir por la escalera laboral. Me encantaba tener éxito. Me encantaba pasar de un nivel al siguiente. Intentaba constantemente superar las cifras del mes anterior, y eso se traducía en largas horas de trabajo.

En aquellos primeros años llegaba a la oficina a las 5:00 de la mañana y no me iba hasta las 6:00 de la tarde. Incluso me sentía un poco culpable por irme tan temprano. Normalmente me quedaba en mi escritorio durante el almuerzo, de modo que, por lo general, encadenaba trece horas diarias. Y eso sin contar el tiempo de viaje. Muchas veces salía tarde de la oficina, iba a casa, engullía rápidamente la cena con la familia, y después me estacionaba en el sillón, abría mi maletín y seguía trabajando. Normalmente iba a la oficina también los sábados.

Estaba trabajando entre setenta y ochenta horas por semana, a veces más, pero finalmente me acostumbré al ritmo agotador; o al menos me volví insensible. A mi jefe le encantaba, elogiaba mi ética de trabajo. Me concedió el aumento de salario que necesitaba, y poco después me ascendieron. Desde luego que el ascenso condujo a responsabilidades adicionales, lo cual amplió la presión y amplió mis horas de trabajo.

Estaba trabajando entre setenta y ochenta horas por semana, a veces más.

Aunque yo estaba "impulsado hacia el éxito" y me gustaba el salario y los beneficios de mi posición, Gail estaba volando en solitario, llevando la casa pacientemente. En ese tiempo teníamos dos hijas pequeñas, y ella realmente necesitaba ayuda. Quería que fuéramos algo más que dos barcos que se cruzan en la noche; quería que pasáramos tiempo juntos después de la cena, sentarnos y conversar sobre el día, y tal vez dar un paseo para procesar la vida como pareja.

Con cada mes que pasaba, nos encontrábamos volviéndonos cada vez más malhumorados, bruscos e irritables el uno con el otro. Una noche, las cosas llegaron al colmo. "¿Sabes qué? —estallé— Creo que esto es realmente tu problema. Tú eres quien está quebrada".

Hago una mueca de dolor ahora mismo solo al recordarlo. Pero mis palabras no terminaron ahí. "Sin duda, necesitas ir a ver a un consejero para solucionar tus problemas", le dije, y añadí: "Yo lo pagaré". Envié a mi esposa a visitar a un consejero mientras yo seguía trabajando ochenta horas por semana. ¡Era yo quien necesitaba que examinaran mi cabeza!

Tras unas semanas con su terapeuta, el Dr. P, Gail regresó en la noche y dijo que él quería verme en su siguiente cita. "Esto es algo que ustedes tienen que solucionar", dije yo indignado. "Yo solamente soy un espectador en todo esto".

Me preguntaba si podrían grabar las sesiones para que así yo pudiera escuchar las grabaciones en mi tiempo de viaje al trabajo. "No tengo tiempo para esto. Ya sabes la cantidad de horas que estoy trabajando, ¿cierto? Estoy haciendo todo para tener éxito en el trabajo para *nosotros*". Eso es lo que dice todo adicto al trabajo. Lo está haciendo por alguien más.

"Lo entiendo", dijo Gail sin inmutarse. "Pero él es realmente insistente. No cree que podamos resolver este problema a menos que tú estés dispuesto a venir. No hay ninguna grabación; simplemente no funciona de ese modo".

Al final, cedí. Cuando llego el fatídico día para mi primera sesión, conduje directamente hasta la oficina del consejero después del trabajo. Gail ya estaba allí. Después de algunas frases iniciales, el Dr. P me pidió que le hablara un poco de mis antecedentes. Mientras más conversábamos, más cómodo me sentía. No era tan malo como me había imaginado. Debería haberlo sabido.

"Michael —preguntó finalmente el Dr. P— ¿por qué crees que eres una persona con tanto impulso?".

Yo no lo vi llegar; fue directamente al punto clave en un abrir y cerrar de ojos. Me di cuenta de que había abandonado a Gail en la búsqueda de mi propia ambición. Comencé a llorar. Tal vez pude engañarla a ella, pero no engañé al Dr. P. Los problemas en nuestro matrimonio no eran los problemas de Gail; eran mis problemas.

La pregunta quedó en el aire. ¿Por qué tenía yo tanto impulso? Yo sabía que mi temor al fracaso era un factor inicial, pero tenía que haber algo más. No necesariamente perseguía la riqueza. Es cierto que subestimé seriamente lo caros que resultan los hijos. Cada vez que me daba la vuelta, Gail necesitaba legítimamente más dinero. Me encontraba redoblando esfuerzos constantemente y trabajando más duro para mantenerme un paso por delante de los caimanes. Pero ¿no es esa la situación para la mayoría de los "esforzados trabajadores"? La respuesta era más profunda todavía.

Regresé a la oficina del Dr. P por varias semanas. En ese tiempo, aprendí que el problema tenía raíces en mis años de adolescencia. Es demasiado desafiante relatar la historia completa, pero bastará con decir que yo tenía una sensación profunda de decepción, incluso traición, de una persona muy cercana a mí. Como respuesta, en algún lugar en lo profundo de mi corazón hice una promesa silenciosa: iba a hacer de mí mismo algo diferente, algo mejor. Eso se convirtió en la fuerza impulsora de mi vida.

Esa promesa codificó un nuevo comando en mi sistema operativo. Operaba silenciosamente en un segundo plano, de modo tan poco intrusivo que ni siquiera lo notaba la mayor parte del tiempo, pero daba forma a mi modo de pensar sobre mi presencia y mi desempeño en todo tipo de situaciones, especialmente en el trabajo.

EL CULTO AL TRABAJO PARECE UNA TENTACIÓN CONSTANTE PARA MUCHOS DE NOSOTROS EN EL PRESENTE.

¿A QUÉ SE DEBE?

Gracias a Gail y al Dr. P., me di cuenta de que podía editar el código. Mi compromiso reactivo como adolescente ya no me estaba sirviendo. No tenía que compensar por lo que había soportado de joven, siendo un adulto adicto al trabajo. Solía llevar por bandera el culto al trabajo. Ahora reconozco que era algo patológico.

Desearía poder decir que aquellas sesiones con el Dr. P fueron lo único necesario para liberarme para siempre del culto al trabajo; por desgracia, me tomó varios años hasta poder ser finalmente libre. A pesar de lo que futuristas y profetas como Keynes imaginaban, el culto al trabajo parece una tentación constante para muchos de nosotros en el presente. ¿A qué se debe?

¿POR QUÉ TRABAJAMOS DEMASIADO?

Según nuestra experiencia e investigación, las razones para el culto al trabajo son muchas. Algunas de ellas son incluso inherentes al trabajo en sí. Por lo tanto, evitar la ladera resbaladiza puede ser más complicado de lo que podríamos pensar. Las razones siguientes no son exhaustivas, pero sí proporcionan luz sobre el tipo de desafío que enfrentamos.

El trabajo es —¿puedes creerlo?— ¡diversión! Tras describir un horario de trabajo que comienza a las 5:30 de la mañana, Ryan Avent, editor senior en *The Economist*, explica cómo cambia él entre el hogar y la oficina, haciendo tiempo para sus hijos al principio y al final del día, pero por lo demás ocupándose de las tareas de su trabajo: redactar, editar y releer. "Trabajo duro, insistentemente, casi implacablemente", dice. "La broma, que ahora comprendo, es que el trabajo es diversión".[12]

¿POR QUÉ TRABAJAMOS DEMASIADO?	
• El trabajo es –¿puedes creerlo?– ¡diversión! • Crecimiento personal e identidad • La experiencia de fluir • Ganancias definibles	• Estatus y señal de valor • Expectativas muy altas • El efecto rutina

Lo entendemos. Amamos el trabajo que hacemos. La mayoría de los ejecutivos, emprendedores y profesionales que conocemos y entrenamos, aman también su trabajo. Eso es algo con lo que los futuristas no habían contado: ¡a las personas les gustaba (y les gusta) trabajar!

Avent admite que muchos trabajos son "agotadores e ingratos". Pero cuando se trata del trabajo intelectual, señala, gran parte del trabajo realmente pesado se ha eliminado, automatizado o externalizado. Como resultado, dice, "mi trabajo —el trabajo que nosotros, unos pocos profesionales bien pagados, hacemos a diario, colaborando con personas talentosas mientras resolvemos problemas complejos e interesantes— es divertido. Y descubro que puedo dedicarle una cantidad sorprendente de tiempo".[13]

Él admite que una vida así le impide dedicar más del mínimo tiempo posible a la familia, las aficiones, el ocio, etc. Y, a juzgar por esta instantánea, parece que está gestionando bien el equilibrio. Claro que, como hemos visto y veremos, ese no es el caso de muchos que trabajan ese tipo de horarios.

No debemos subestimar los placeres del trabajo. Aunque nos disgusten las presiones y los detalles de una tarea, podemos apreciar y valorar cómo nos hace sentir resolver un problema, cumplir una fecha límite, cerrar un proyecto, entregar un informe y entregar un producto.

"Los profesionales de élite son los maestros artesanos de la época", dice Avent. "Diseñamos, modelamos, suavizamos y mejoramos, pulimos los bordes y las palabras, las cifras, el código, o cualquiera que sea nuestro material escogido. Al final del día podemos sentarnos y admirar nuestro trabajo (el artículo terminado, el trato cerrado, la app en funcionamiento) del modo en que lo hacían antes los artesanos".[14]

Crecimiento personal e identidad. Keynes y otros también minimizan la satisfacción psicológica y el crecimiento que se encuentran en abordar problemas difíciles individualmente o con nuestros compañeros de equipo. "Keynes —dice el profesor de la Universidad de Columbia Edmund Phelps— no comunicó sensación alguna del papel de la innovación (resolución de problemas de modo creativo) en impartir emoción y desarrollo personal a las carreras en los negocios".[15]

Nos engañamos a nosotros mismos si pensamos que el trabajo significa principalmente mera subsistencia y satisfacción de nuestras necesidades físicas. También satisface necesidades psicológicas profundas; seguimos trabajando mientras escalamos por la jerarquía de Maslow. Sabiéndolo o no, la mayoría de nosotros buscamos nuestra autorrealización por medio de nuestro trabajo. Una carrera profesional, como destaca Phelps, ha sido el contexto principal para esta necesidad humana básica desde hace algún tiempo.

El filósofo Alain de Botton dice que el trabajo ofrece "junto con el amor... la principal fuente de significado en la vida".[16] Podemos argumentar si eso es bueno o malo, pero no tiene caso debatir el hecho. En cambio, es mejor entender que como cualquier otro esfuerzo bueno, puede volverse contraproducente y dañino si no somos conscientes de los riesgos.

Esto posee un poderoso empuje. A medida que se acumulan las presiones del trabajo, respondemos ejercitando nuestro intelecto, estirando nuestras capacidades, probando nuestro aguante emocional. Aunque empleamos energía extra en el trabajo, posiblemente privando a nuestras familias y a otras personas de nuestras energías, nos sentimos recompensados por el esfuerzo. Nos sentimos vivos por el logro y también avivados por ello. Ganar se siente bien; pero si no somos conscientes, podemos perseguir esas recompensas en perjuicio de otras necesidades, lo cual conduce a todo tipo de crisis.

La experiencia de fluir. Avent relaciona la alegría del logro con el proceso en sí mismo, especialmente el estado en el que entramos cuando nos sumergimos en un desafío: el *fluir*. El término fue acuñado por el psicólogo Mihaly Csikszentmihalyi. Las experiencias de fluir, explicaba, resultan de metas claras y desafiantes que requieren nuestro mejor pensamiento y esfuerzo para lograrlas. Cuando fluimos, estamos enfocados plenamente en la tarea que tenemos a la mano. Dejamos de estar ensimismados; el tiempo pasa volando. Estamos absorbidos por el momento y lo que requiere de nosotros.[17]

Ganar se siente bien; pero si no somos conscientes, podemos perseguir esas recompensas en perjuicio de otras necesidades, lo cual conduce a todo tipo de crisis.

Esto no es cierto de todo el trabajo y todo el tiempo. Algunas veces enfrentamos proyectos que menguan nuestras habilidades. En esos momentos experimentamos preocupación, ansiedad, e incluso terror. Por el contrario, podríamos tener tareas que no nos desafían en absoluto y, en esos casos, experimentamos aburrimiento y apatía.[18] Cualquiera de los extremos puede producir desconexión. Csikszentmihalyi señaló que las personas encuestadas, mientras trabajaban expresaban el deseo de estar en algún otro lugar más que cuando son encuestadas en cualquier otro momento del día.[19] Esto es especialmente cierto de los trabajadores varones. La apelación de las caricaturas *Dilbert* y la comedia de situación *The office* hablan a la experiencia. Todos hemos dado "cabezazos" frente a quehaceres sin sentido, gerentes desconcertantes, y el resto. Nos reímos porque es cierto.

A pesar de estas desventajas, el trabajo sí que presenta una oportunidad frecuente para tener experiencias de fluir. Estudios de Csikszentmihalyi muestran que las personas experimentan el fluir más de la mitad de sus horas de trabajo.[20] Eso es especialmente cierto para las personas que han podido eliminar, automatizar y delegar las distracciones y el aburrimiento de sus trabajos. Emprendedores, ejecutivos, directores, creativos, y otros profesionales pueden sumergirse por largos periodos de tiempo en muchos aspectos satisfactorios con respecto a construir su negocio y servir a sus clientes. Ellos reportan que experimentan el fluir aproximadamente dos terceras partes de su tiempo de trabajo.[21]

Ganancias definibles. El fluir también es posible con las aficiones como cocinar, tocar música, o los deportes. Pero otros ámbitos de la vida fuera del trabajo pueden sentirse inmunes a los estados de fluir.[22] Una condición para el fluir es la retroalimentación: indicadores de desempeño que nos dejan saber si vamos bien o no. Nos mantenemos en el fluir a medida que procesamos la retroalimentación en el momento y mejoramos nuestro desempeño. El trabajo no solo contiene metas claras que nos permiten hacer uso de nuestras habilidades, sino que también incluye retroalimentación para evaluar nuestro desempeño a lo largo del camino. No es así en otras áreas de la vida, en las que nunca sabemos realmente si estamos ganando o no.

Las personas muy triunfadoras normalmente saben lo que se requiere de ellas en el lugar de trabajo. Entienden lo que se espera y los beneficios que conlleva cumplir o superar esas expectativas. Pueden ir tachando cosas de su lista y pasar a la siguiente victoria. Como tales, se sienten cómodos en ese entorno.

Ese no es siempre el caso en el hogar, por ejemplo. Incluso cuando las cosas son estupendas, en raras ocasiones ofrecen el mismo tipo de ganancias obvias que ofrece el trabajo. Eso no significa que las tareas del hogar no valgan la pena, solamente que requieren distintos tipos de participación a diferencia del trabajo. Relaciones, educación de los hijos, mantenimiento del hogar, limpieza, planificación de comidas, lavar la ropa... estas cosas nunca terminan, y algunas de ellas no se acercan ni remotamente a ser divertidas. Llamamos trabajo a lo que aborrecemos hacer, pero sabemos que debemos hacerlo; una *tarea* por una razón.

Dadas estas dificultades, es fácil justificar pasar más tiempo trabajando, donde las recompensas son claras. El trabajo puede convertirse en un escape. El caricaturista Tim Kreider llama a esto "la trampa de la ocupación", donde los trabajadores se vuelven adictos a la ocupación y "aborrecen lo que podrían tener que enfrentar en su ausencia".[23] Los pañales, los platos, limpiar el polvo, el perro, y tales demandas no se desvanecen solamente por ignorarlas. Con frecuencia, el trabajo excesivo significa que tenemos menos energía emocional para emplearla en esas cosas, haciendo inconscientemente que empeoren. Hay algunas diferencias sorprendentes con este desafío cuando se trata de género, que exploraremos en el capítulo 5.

Estatus y señal de valor. "¿Cómo te va?", pregunta alguien. "Estoy increíblemente ocupado", respondemos. Es un modo de señalar nuestro estatus y dignidad, y posiblemente un débil esfuerzo por recabar un poco de compasión.

"El estrés hace que los estadounidenses se sientan ocupados, importantes y solicitados", dijo la columnista del *National Review* Florence King, "y simultáneamente privados, ignorados y victimizados. El estrés les hace sentirse interesantes y complejos en lugar de aburridos y simples, y conlleva una suposición de sensibilidad que no es muy distinta de la suposición en el viejo mundo de que los aristócratas eran nerviosos e intensos. En pocas palabras, el estrés se ha convertido en un símbolo de estatus".[24]

King dijo esto en el año 2001. Un estudio de tres investigadores en 2017 confirma esta opinión. Ellos vincularon el "presumir humildemente" de muchas horas en redes sociales con percepciones acerca de un estatus personal más elevado. "Las largas horas de trabajo y la falta de tiempo libre generan mayores inferencias sobre las características del capital humano del individuo ocupado", concluyeron los investigadores, "lo que, a su vez, aumenta la percepción de que esta persona es escasa y demandada, lo que finalmente conduce a atribuciones de estatus positivas".[25]

La académica Ann Burnett observó algo parecido. Mientras estudiaba miles de cartas de vacaciones (las actualizaciones anuales que las personas envían a familia y amigos sobre lo que está sucediendo en su rincón del mundo), observó que la ocupación aparecía una y otra vez. "Estamos ocupados, ocupados, ocupados", decía una carta. "Nuestros horarios siempre han sido una locura, ¡pero ahora son incluso más locos!", decía otra. Burnett observó que las personas parecían presumir de cuán ocupadas, estresadas y apresuradas estaban, como si ir corriendo por la vida fuera tan meritorio como el jonrón de Sally y la carta de aceptación en la universidad para Timmy. "Dios mío, las personas están *compitiendo* por estar ocupadas", dijo ella. "Se trata de mostrar estatus".[26]

Una reputación de conseguir hacer cosas es valiosa objetivamente, y mantener un aura de ocupación es un modo de cultivar esa reputación. Señala nuestro valor a nuestros colegas y nuestros superiores. ¿Quién no querría ser visto como solicitado y esencial, mucho más si eso lo posiciona para el avance?

Expectativas muy elevadas. Como todas estas razones para trabajar demasiado, esta se refuerza por sí sola. Estar locamente ocupados es lo que se espera de los jefes y de nosotros mismos.

Hace unos quince años atrás, yo (Megan) me había mudado a una ciudad nueva. Había tomado un empleo en ventas que requería mucha presión. No pasó mucho tiempo antes de comenzar a experimentar síntomas relacionados con el estrés y también incomodidad digestiva constante. Sentía náuseas todo el tiempo; pero en lugar de poner límites en torno a mi horario, redoblé mi trabajo. A pesar de mi estado físico, tenía que ir a trabajar. Tenía que desempeñar bien. Sentía que no tenía otra posibilidad; el fracaso no era una opción. Quería mostrarle a mi nuevo jefe que había acertado al contratarme.

Antes de entender la gravedad de lo que estaba sucediendo, que resultó ser un grave problema de salud causado por el estrés (más adelante me diagnosticaron la enfermedad de Crohn), recuerdo ir a trabajar por varias semanas con un bote de Pepto-Bismol en la guantera de mi auto (medicamento que alivia los síntomas de la acidez, la indigestión, las náuseas y el malestar estomacal). Para mitigar el dolor, literalmente bebía Pepto-Bismol directamente del frasco mientras iba conduciendo al trabajo.

Mi situación fue de mal en peor. Me enfermé mortalmente, y terminé teniendo cirugías de emergencia durante una de nuestras vacaciones familiares. La factura física del estrés sobre mi cuerpo me sacó de la vida aproximadamente durante un año de recuperación intensiva, porque estaba muy enferma. Había ignorado aquellos primeros síntomas físicos, pensando que *tenía que* sacar adelante mi carga de trabajo.

Está claro que no son solamente trabajadores individuales quienes mantienen estas expectativas. Cuando metemos los pies en las aguas empresariales, entramos en entornos de negocio existentes que pueden orientar la vida del empleado en torno a metas de la empresa, y a expensas de las prioridades personales. Los jefes —a menudo ellos mismos adheridos al culto al trabajo— quieren que los empleados igualen su entusiasmo por el trabajo. Quieren que siempre estén al tanto, siempre disponibles.

Jack Welch, el icónico CEO de GE (General Electric), trabajaba regularmente los sábados. "Pensaba que esas horas en el fin de semana eran estupendas", recordaba él. "Sencillamente no se me ocurría la idea de que alguien quisiera estar en algún otro lugar que no fuera el trabajo".[27] Emplear horas en las noches y los fines de semana se convierte así en parte del contrato, incluso si nunca se declara explícitamente. Si quieres avanzar, o mantener tu empleo, tienes que entregarte por completo. Al final, entonces, el temor también se convierte en un potente impulsor del culto al trabajo, no solo temor a poder ser descubierto como menos que *calificado*, sino también temor a no estar a la altura para el trabajo *cuantificado*, especialmente tal como lo miden el reloj y el calendario.

Cuando trabajamos en exceso, puede parecer que somos el empleado estrella que tiene una historia de éxito de la noche a la mañana. Tal vez nos hemos convencido a nosotros mismos de que, en algún punto, ser tan impulsados nos dará beneficios. Mientras podamos entregar resultados, o al menos mantener las apariencias, parece que todo va muy bien. Pero el puente ya no está allí, y no vemos los problemas que hay adelante.

El efecto rutina. Como el trabajo está dirigido hacia completar metas, en cierto modo es también autoderrotista. Cada tarea tiene un *fin* en ambos sentidos de la palabra: tiene un propósito por el cual trabajamos y un punto en el cual queda completado. Como pregunta el monje benedictino David Steindl: "¿Cómo vas a continuar reparando tu auto una vez que está reparado?".[28]

Cuando derivamos de nuestro trabajo tanta diversión, importancia y satisfacción, puede terminar siendo una mezcla de emociones. Para los triunfadores, completar una meta o un proyecto puede ser medio emocionante, medio decepcionante. La fuente de nuestra diversión, satisfacción e importancia comienza a evaporarse en el momento en que hemos terminado. "Son estrategias para las cuales el éxito solo puede significar cese", dice el filósofo Kieran Setiya.[29] A medida que va desapareciendo la emoción, nos quedamos sintiendo la pérdida. Si nuestra fuente principal de diversión, satisfacción e importancia es el trabajo, incluso podríamos sentirnos vacíos o deprimidos por su ausencia; por lo tanto, hacemos lo obvio: encontramos otra meta y lanzamos otro proyecto; de este modo terminamos en una rutina, alejándonos de la decepción y dirigiéndonos hacia el logro, el cual, cuando lo alcanzamos, se convierte de nuevo en decepción.[30]

El trabajo contiene sus propias justificaciones, y así se impulsa a sí mismo y también a nosotros, lo cual es en cierto modo una bendición, considerando todos los aspectos positivos que obtenemos de nuestro esfuerzo laboral. Pero si intentamos extraer algo que el trabajo no puede darnos, terminaremos frustrados y agotados.

ESCAPAR DEL CULTO AL TRABAJO

De nuevo, estas razones no son exhaustivas. Hay muchas razones personales, culturales y sistémicas por las que las personas trabajan demasiado. Pero es importante observar que el trabajo en sí mismo contiene aspectos y características que nos inducen a trabajar. No es diferente al alcohol, la comida, el ejercicio, o a cualquier otra cosa buena que las personas algunas veces hacen en exceso. A menos que estemos alerta a los riesgos, fácilmente podemos deslizarnos hacia patrones de trabajo excesivo que podrían comprometer nuestra salud, bienestar emocional, familia, vida social, y otras cosas.

Incluso cuando sabemos lo que tenemos que hacer, el empuje es a veces más de lo que estamos preparados para resistir. David Kenstenbaum, de la NPR (National Public Radio), hizo un seguimiento a dos miembros de la familia de John Maynard Keynes (sí, el mismo que proponía trabajar solo tres horas al día), los cuales admiten que regularmente trabajan demasiado. Irónicamente, Keynes mismo también trabajaba en exceso. "Su esposa estaba muy enojada al respecto", le dijo un familiar a Kenstenbaum. "Ella pasaba mucho tiempo intentando protegerlo de sí mismo... Al final, él no sabía decir no". Él "murió por trabajar demasiado duro", dijo el otro. "Bueno, su corazón se agotó".[31]

Bertrand Russell observó la tendencia cuando hizo sus predicciones. "En lugar de permitir que la automatización redujera las cargas de trabajo, hemos escogido el culto al trabajo. En esto hemos sido engañados, pero no hay razón alguna para seguir siendo engañados para siempre".[32] Estamos de acuerdo.

Kyle, nuestro cliente al que presentamos al inicio de este capítulo, es un hombre diferente en la actualidad. Se unió a nuestro programa de *coaching* donde ha aprendido otra manera mejor. Él nos dijo que uno de los beneficios ha sido este cambio sencillo: "Como líder de equipo, mi equipo ya no recibe correos electrónico de mi parte el domingo a las 6:00 de la mañana. No se sienten obligados a responder en la noche y los fines de semana porque yo ya no les envío nada. Tanto ellos como yo tenemos una sensación de paz interior más fuerte, una calma de saber que cuando no estamos trabajando, no tenemos que estar preocupados por el trabajo. Y al equipo le encanta nuestra nueva norma".

En lugar de permitir que la automatización redujera las cargas de trabajo, hemos escogido el culto al trabajo.

Las personas tienen un mayor control del que creen sobre su horario, aunque tal vez no sean conscientes de ello o nieguen el hecho. A veces puede ser más fácil aceptar más cosas en lugar de mantener una conversación difícil con el cliente o con nuestro jefe. Más allá de eso, podemos sentir que es menos amenazante trabajar demasiado que hacer una autoevaluación sincera y liberarnos a nosotros mismos. Una gran pregunta es la del Dr. P. Pregúntate a ti mismo:

- "¿Por qué tengo tanto impulso?".

Y no te detengas ahí. Pregúntate:

- "¿Estoy trabajando demasiado para asegurarme aprobación o afirmación?".
- "¿Trabajo largas horas para evitar a mi cónyuge o a mis hijos?".
- "¿Por qué no delego trabajo que otros pueden hacer y deberían hacer?".
- "¿Estoy seguro de mi posición en el trabajo? ¿O tengo temor de que si no trabajo muchas horas tal vez sea sustituido por alguien que parezca tener más ambición?".

Si comienzas a plantearte ese tipo de preguntas, podrían surgir también otras. Tus respuestas podrían sorprenderte. A veces preferimos vivir en autonegación, decidiendo quedarnos en la rutina. El beneficio emocional del culto al trabajo (diversión, el fluir, y la importancia) puede desviarnos del resto de nuestras vidas, lo cual podría ser menos divertido y ofrecer menos oportunidades para que haya un fluir ya también importancia personal. Pero cualquiera que sea la razón por la que eres impulsado a elevar el trabajo por encima de los otros ámbitos de tu vida, nunca es demasiado tarde para recuperar tu balance. O para encontrarlo por primera vez.

Al inicio del libro bosquejamos los principios falsos del culto al trabajo. En este capítulo hemos encontrado razones por las que puede ser tan poderoso. A lo largo de los siguientes cinco capítulos, sin embargo, exploraremos los cinco principios de la Doble Ganancia y veremos cómo ser libres. Veamos ahora el primer principio.

3

NUESTRAS VIDAS MULTIFACÉTICAS

PRINCIPIO 1

El trabajo es solo una de las muchas maneras de orientar nuestra vida

Comencé a preguntarme por qué el éxito... significaba privilegiar el logro profesional por encima de todo lo demás.

ANNE-MARIE SLAUGHTER[1]

Elon Musk es el CEO de la fábrica de automóviles Tesla. Es también el CEO de SpaceX, que pretende colonizar Marte. Junto con estas empresas multimillonarias, también dirige algunos negocios secundarios importantes.[2] Al escribir estas palabras, este hombre de cuarenta y ocho años tiene un valor neto de 41 mil millones de dólares, y es la persona número veintidós en la lista de los más ricos del mundo.[3]

Un visionario como Musk capta la atención. Después de todo, admiramos el ámbito de su ambición y su dedicación enfocada a convertir en realidad sus sueños. Muchos líderes, quizá tú mismo, quieren emularlo; pero cuando lo intentamos, nos encontramos con un grave problema.

Sí, Musk es un genio. También es el sumo sacerdote honorario del culto al trabajo. Musk aconseja a emprendedores, por ejemplo, que sean "extremadamente tenaces y después trabajen sin descanso".[4] ¿Qué cantidad de trabajo recomienda? "De ochenta a cien horas por semana". Suena como un infierno. ¿Hay alguna recompensa?

Musk dice que deberíamos hacer eso porque lograremos tres veces lo que puede lograr alguien que trabaje cuarenta horas por semana.[5] Pero estudios sobre productividad dicen precisamente lo contrario: muchísimas horas nos hacen ser menos productivos. De hecho, esas horas extra solo aumentan las probabilidades de que nuestro cohete se quede en el aire en lo que respecta a nuestra salud, relaciones y bienestar emocional, e incluso de que explote.

Cuando el trabajo es la orientación principal para la vida, el resto de la vida queda atrás. La primera esposa de Musk, Justine, dijo: "Elon estaba obsesionado con su trabajo. Cuando estaba en la casa, su mente estaba en otro lugar". Ella se sentía ignorada y descuidada. "Yo deseaba tener conversaciones profundas y sinceras, para tener intimidad y empatía", decía ella. "Sacrifiqué una familia normal por su carrera profesional".[6] Tuvieron cinco hijos juntos, pero su matrimonio duró solamente ocho años.

> Cuando el trabajo es la orientación principal para la vida, el resto de la vida queda atrás.

Los hijos de Musk también experimentan su falta de atención. "Realmente no veo a los míos lo suficiente", admitió Musk refiriéndose a sus muchachos. "Lo que descubro es que puedo estar con ellos y a la misma vez atendiendo el correo electrónico. Puedo estar con ellos y estar trabajando al mismo tiempo".[7] (Justo aquí puedes levantar las cejas). Entonces, ¿por qué siente Musk la necesidad de hacer varias cosas a la vez cuando está con sus hijos en lugar de estar plenamente presente? "Si no lo hiciera", dice él, "no sería capaz de terminar mi trabajo".[8] Eso es lo que sucede cuando el trabajo llena cada rincón de la existencia.

Musk duerme muy poco con las horas de trabajo que emplea. En cierto momento, mientras solucionaba fallos de producción del Modelo 3, dormía tan frecuentemente sobre su sofá en la fábrica de Tesla, en lugar de hacerlo en su cama en su casa, que sus seguidores lanzaron una campaña para comprarle un sofá más cómodo.[9]

Una lección está clara de la vida de Musk: la Falacia de la Ocupación conduce al descuido de uno mismo y una participación relacional mínima. Musk debió sentir ese vacío. Tras dos matrimonios fallidos, dijo en un momento de sinceridad: "Me gustaría dedicar más tiempo a tener citas... necesito encontrar una novia... ¿cuánto tiempo por semana quiere una mujer? ¿Tal vez diez horas? ¿Es eso lo mínimo?".[10] No somos expertos en relaciones, pero dudamos que la viabilidad mínima sea el enfoque correcto del romance para toda la vida.

Musk es un innovador notable. Su visión y los productos que crea son inspiradores. Tal vez sus métodos agotadores finalmente harán que consiga los resultados que quiere. El jurado aún tiene que pronunciarse sobre el descuido prolongado de su salud. Pero incluso si él es la extraña excepción que puede descuidar felizmente una parte tan grande de su vida, ¿puede hacerlo su equipo? Más importante para nosotros ahora, ¿puedes hacerlo tú? ¿Puede hacerlo tu equipo?

Necesitamos que nos recuerden constantemente que el trabajo es solamente un modo de orientar la vida. La vida es multidimensional. El éxito puede ser sostenido solamente cuando la mayoría de los ámbitos de la vida se desarrollan juntos. Algunas personas piensan que la oportunidad de éxito explosivo en la esfera laboral vale la pena todo el esfuerzo empleado. Tal vez en carreras cortas, pero como estilo de vida llega con un elevado precio. Ganarás en el trabajo y fracasarás en la vida, lo cual tiene efectos perjudiciales que causan que tu trabajo también sufra.

IMPULSADO HACIA EL ÉXITO, ¿O HACIA EL EXCESO?

Cuando yo (Megan) tenía diez años, tenía muchos deseos de saber montar a caballo. Ya que no teníamos un caballo y no podía permitirme una afición tan cara, mis padres hicieron un trato: si podía encontrar a alguien que intercambiara mantenimiento de establos por privilegios para montar a caballo, mi mamá me llevaría hasta ese lugar. Yo estaba tan motivada para montar a caballo que puse un anuncio clasificado en el periódico (¿te acuerdas de ellos?), buscando a alguien que intercambiara el cuidado de su caballo a cambio de privilegios para montarlo.

Resultó que una señora en el país tenía un hermoso caballo blanco del que no podía ocuparse. Estaba contenta de que yo me ocupara de las necesidades diarias del caballo durante un par de años mientras aprendía a montar. Cuando llegué a la adolescencia, finalmente estaba lista para mostrar mis habilidades. Había trabajado en perfeccionar el trote, el paso y el galope del caballo, y tenía muchas ganas de competir en una carrera de caballos real.

Cuando llegó el gran día, papá estaba demasiado ocupado lanzando un nuevo negocio para poder asistir. Eso me dolió. Aquello era lo que más me importaba, y él no estaba allí. Peor aún, mi caballo salió inesperadamente a la pista y no se detuvo hasta que me tiró al suelo. Me caí y me rompí el coxis. Recuerdo el viaje hasta casa con mi mamá en la camioneta sufriendo mucho dolor, y mi papá no estaba ahí para apoyarme cuando yo necesitaba su fuerza y sus palabras de consuelo.

Para mérito de él, papá sí asistió a los acontecimientos realmente importantes, como la graduación. Pero, sinceramente, me sentí triste e incluso avergonzada porque él no estaba en los eventos comunes, como la reunión anual entre padres y maestros, porque delegaba a mamá las "cosas de las niñas". Desde la perspectiva de una niña, no estar presente no funciona, sin importar cuán importantes parezcan las razones.

Las decisiones de mi papá durante aquella época demostraron su comprensión tan estrecha de lo que significaba estar allí para la familia. Lo único que queríamos era que estuviera presente. En las comidas; a la hora de irnos a la cama; en las vacaciones. Y aunque papá se sentía impulsado a buscar seguridad financiera, eso no era lo *más* importante, al menos no para nosotras como niñas. Queríamos que pasara tiempo con nosotros, que estuviera presente en nuestro mundo.

Como papá estaba ausente y mamá estaba tan abrumada con cinco hijas, yo me convertí en un tercer padre de facto que ayudaba con la limpieza, cuidaba de mis hermanas, e incluso enseñaba a ir al baño a la más pequeña. Mamá se apoyaba demasiado en mí para compensar lo que mi papá debería haber hecho. Y, de hecho, con catorce años de edad y teniendo muchísimas habilidades, conseguí una licencia de conducir en Tennessee para ayudar con las compras en el supermercado. ¿Puedes imaginar permitir que una niña de catorce años maneje un auto?

Al ser ahora adulta y tener mis propios hijos, entiendo las decisiones de mis padres desde un ángulo diferente. La presión financiera para sostener a tu familia puede ser aplastante. Comprendo eso no solo intelectualmente, sino también por experiencia. Sin embargo, sabiendo eso, sigo sin justificar a mi papá, y tampoco me justifico a mí misma, ni a mi esposo. Tenemos cinco hijos, el mismo número que tenían mis padres, y lo que sé con seguridad es que la respuesta para resolver esa tensión no es excluir más de la mitad de tu vida.

El trabajo es solamente uno de muchos ámbitos de la vida. Dependiendo de cómo los contemos, al menos hay otros nueve más. Cuando trabajamos con nuestros clientes, normalmente hablamos de diez ámbitos en total:

- Espiritual
- Intelectual
- Emocional
- Físico
- Marital/romántico
- Parental
- Social
- Vocacional
- Lúdico
- Financiero

Cada ámbito importa, y cada uno impacta a los demás. Estar estresado en el trabajo influye en tus relaciones en la casa. Si tu salud sufre, eso influye en tu trabajo. Si descuidas tus finanzas, no tendrás una casa a la que regresar. Necesitamos preocuparnos igualmente acerca del mundo que está fuera del trabajo. Lo cierto es que si no lo haces, no ganarás en el trabajo por mucho tiempo. De igual manera, si sientes instintivamente que uno o más de los ámbitos de tu vida no están sincronizados, ignorar el problema solamente hará que las cosas empeoren.

SOLO TRABAJO Y NADA DE DIVERSIÓN

El modo más fácil de saber si el trabajo es tu orientación principal es preguntar cuánta atención prestas a los otros ámbitos. ¿Cuánto tiempo pasas cada día, cada semana, en los ámbitos espiritual, intelectual y emocional? ¿Sacas tiempo para tu salud, tu cónyuge, tus hijos, tus amigos? ¿Cuándo fue la última vez que practicaste un pasatiempo de verdad?

Ya hemos visto el número de horas que los profesionales dedican al trabajo. Dados esos compromisos de tiempo, es razonable que muchos de los otros ámbitos de la vida queden relegados a un lado. Los Centros para el Control y Prevención de Enfermedades, por ejemplo, descubrieron que menos de una cuarta parte de los adultos estadounidenses hacen ejercicio suficiente.[11] Solo aproximadamente una cuarta parte de los trabajadores utilizan sus vacaciones anuales, y cerca del 10 por ciento se saltan por completo el tiempo libre remunerado.[12]

Incluso cuando tomamos tiempo libre de la oficina, nos llevamos la oficina con nosotros. Una encuesta a mil trabajadores estadounidenses descubrió que más de la mitad revisan su correo electrónico del trabajo durante las salidas familiares, mientras que cuatro de cada diez lo hacen durante la cena.[13] Dos de cada tres empleados reportan trabajar mientras están de vacaciones.[14]

Es interesante que la clase profesional es la que tiende a trabajar más horas. Keynes y los futuristas tenían razón acerca de que la automatización disminuiría las horas de

Entonces, ¿cómo mantenemos el enfoque en nuestros aspectos no negociables? Planeando el tiempo necesario en nuestro calendario. Esto asegura que cubrimos lo que importa incluso en medio de demandas interesantes y proposiciones tentadoras. Si no lo hacemos, lo urgente ahogará lo importante.

Piensa en tu presupuesto mensual. Si no apartas de antemano la cantidad para la hipoteca, no podrás pagarla con lo que sobre, pero demasiadas veces eso es exactamente lo que hacemos con nuestro tiempo. Nuestras prioridades más importantes nunca llegan a entrar en nuestro calendario; como resultado, se quedan con lo que sobra y son desatendidas en su mayor parte. Pero si tiempo es dinero, como dice la frase, la respuesta está en presupuestar tiempo para tus aspectos no negociables, igual que con la hipoteca. Hay tres categorías principales que necesitan atención.

Cuidado personal. Tu salud, tus relaciones, tus hijos, tus aficiones, tu trabajo... en el centro de todas estas cosas estás *tú*. Tú eres lo único que tienes que ofrecer a estas facetas diversas de tu vida. "Tú eres una dimensión de cada problema o interacción personal que enfrentas", como lo expresó el historiador Richard Brookhiser. "Tú eres la herramienta que nunca se regresa a la caja".[19] Si no te estás desarrollando a ti mismo, si tu propio ser no está prosperando, entonces la influencia que aportas a estas otras dimensiones va a ser menor de lo que podría ser.

A veces consideramos el cuidado personal como un lujo o una indulgencia egoísta. Tal vez te has dicho a ti mismo: "Cuando mis hijos sean mayores y duerman toda la noche, priorizaré el cuidado personal", o "cuando ese lanzamiento del producto haya terminado, tendré espacio para el cuidado

HAY UNA GRAN

DIFERENCIA ENTRE

TENER UN TRABAJO

SIGNIFICATIVO

Y TENER UNA

VIDA SIGNIFICATIVA.

trabajo; pero las mayores reducciones se han producido entre el sector de los servicios y los trabajadores no especializados. Mientras tanto, los profesionales trabajan ahora lo mismo o más de lo que trabajaban en 1965.[15]

El economista Robert Frank recuerda ir a cenar a la casa de un multimillonario, juntamente con un inversionista de capital y un ingeniero técnico. "Durante las dos horas que estuve en su casa, él respondió a seis llamadas en su teléfono celular, envió dieciocho correos electrónicos, y pensó en dos nuevas ideas de negocio", dijo Frank. "Al final de la cena, dio el último sorbo de vino y dijo: 'Es muy agradable poder tener una cena relajante en casa'. Yo me reí. Él no entendió la broma".[16]

Relajante es una interesante elección de palabras. Regresemos a la razón para trabajar demasiado de la que hablamos en el capítulo anterior. El trabajo es diversión. Tiene ganancias definibles. Es donde experimentamos vitalidad y crecimiento personal.

Para las personas muy triunfadoras que han confeccionado sus empleos en torno a sus pasiones y destrezas, el trabajo puede ser un entorno extremadamente agradable, satisfactorio y cómodo. Es donde algunas personas sienten que son más ellas mismas. Pero como resulta tan fácil, al menos en comparación con otros ámbitos, podemos desatender el resto de nuestra vida. El trabajo se convierte en el principal referente en nuestra identidad, casi como una religión.[17]

Pero existe una gran diferencia entre tener un trabajo significativo y tener una vida significativa. "Todo trabajo y nada de diversión —como dice la vieja frase— convierte a Jack en un niño aburrido". Aquí hay verdadera sabiduría. Si no nos detenemos ocasionalmente para afilar una espada, se vuelve desafilada y requiere más esfuerzo lograr el mismo resultado.

Lo mismo es cierto para nosotros en nuestra necesidad de cuidado propio y un estilo de vida más balanceado. Si no lo controlamos, las ganancias de corto plazo en el trabajo a menudo se producen a expensas de prioridades de la vida de largo plazo. El éxito sostenido en el trabajo depende de la interacción simbiótica de otras búsquedas en la vida. Pero a pesar de nuestros mejores esfuerzos, no es fácil.

TRES ASPECTOS NO NEGOCIABLES

Algunos días parece que nuestros calendarios nos poseen a nosotros en lugar de suceder lo contrario. ¿Cómo se supone que lograremos hacerlo todo? En definitiva, las personas muy triunfadoras tienen muchas demandas y la carga de trabajo no deja de aumentar. Nosotros, a su vez, tendemos a recurrir al tiempo dedicado a las prioridades personales, apartándolas a un lado por causa del trabajo que tenemos que hacer.

Una de las razones principales por las que trabajamos demasiado es porque no tenemos claridad con respecto a lo que más importa. Como resultado, abarcamos todo lo que vemos en el horizonte en lugar de mantener el enfoque en algunos aspectos no negociables; es decir, el cuidado personal, las prioridades relacionales y los resultados profesionales. El autor Charles Hummel afirma: "Nuestro dilema es más profundo que la falta de tiempo es básicamente un problema de prioridades".[18]

TRES ASPECTOS NO NEGOCIABLES
1. Cuidado personal 2. Prioridades relacionales 3. Resultados profesionales

Entonces, ¿cómo mantenemos el enfoque en nuestros aspectos no negociables? Planeando el tiempo necesario en nuestro calendario. Esto asegura que cubrimos lo que importa incluso en medio de demandas interesantes y proposiciones tentadoras. Si no lo hacemos, lo urgente ahogará lo importante.

Piensa en tu presupuesto mensual. Si no apartas de antemano la cantidad para la hipoteca, no podrás pagarla con lo que sobre, pero demasiadas veces eso es exactamente lo que hacemos con nuestro tiempo. Nuestras prioridades más importantes nunca llegan a entrar en nuestro calendario; como resultado, se quedan con lo que sobra y son desatendidas en su mayor parte. Pero si tiempo es dinero, como dice la frase, la respuesta está en presupuestar tiempo para tus aspectos no negociables, igual que con la hipoteca. Hay tres categorías principales que necesitan atención.

Cuidado personal. Tu salud, tus relaciones, tus hijos, tus aficiones, tu trabajo... en el centro de todas estas cosas estás *tú*. Tú eres lo único que tienes que ofrecer a estas facetas diversas de tu vida. "Tú eres una dimensión de cada problema o interacción personal que enfrentas", como lo expresó el historiador Richard Brookhiser. "Tú eres la herramienta que nunca se regresa a la caja".19 Si no te estás desarrollando a ti mismo, si tu propio ser no está prosperando, entonces la influencia que aportas a estas otras dimensiones va a ser menor de lo que podría ser.

A veces consideramos el cuidado personal como un lujo o una indulgencia egoísta. Tal vez te has dicho a ti mismo: "Cuando mis hijos sean mayores y duerman toda la noche, priorizaré el cuidado personal", o "cuando ese lanzamiento del producto haya terminado, tendré espacio para el cuidado personal", o "cuando los niños finalmente ya no estén en la casa, tendré tiempo para el cuidado personal".

Aquí está el problema. Nunca hay un momento perfecto para el cuidado personal; siempre hay otras demandas sobre nuestro tiempo. Si no luchamos contra esas intrusiones, terminamos sacrificando el cuidado personal como una cuestión de hábito.

El cuidado personal abarca actividades que constituyen una vida significativa fuera del trabajo a la vez que contribuyen a un desempeño mayor en el trabajo. Se refiere a prácticas y hábitos que rejuvenecen nuestro cuerpo y nuestra mente: dormir las horas suficientes, comer bien, hacer ejercicio regularmente, conectar con las personas que amamos, participar en aficiones significativas, y hacer tiempo para la reflexión personal. "En lugar de definir estrechamente el cuidado personal tan solo como salud física (que es una parte importante de la ecuación)", dice la *coach* ejecutiva Amy Jen Su, "necesitamos prestar atención a un conjunto más amplio de criterios, entre los que se incluyen el cuidado de la mente, las emociones, las relaciones, el entorno, el tiempo y los recursos".[20]

La consecuencia del descuido de uno mismo es que nuestro bienestar físico y mental afecta negativamente a nuestro desempeño. No podemos liderarnos bien a nosotros mismos ni a otros si estamos agotados o quemados y, a su vez, no podemos producir los resultados con los que cuentan nuestros clientes, jefes o compañeros de trabajo. Por otro lado, el cuidado personal tiene muchos beneficios, entre los cuales se cuentan energía, una ventaja competitiva, y resistencia.

La mayoría de nosotros batallamos para ser consistentes con esto en parte porque consideramos el cuidado personal solo como una cosa más en nuestra lista de quehaceres que ya está muy cargada. Por eso descubrimos que es beneficioso regresar a lo básico: ¿duermes lo suficiente? El descanso es el fundamento de un trabajo significativo y productivo, como exploraremos más completamente en el capítulo 7. Bastará por ahora con decir que no hay una práctica de cuidado personal más esencial que dormir las horas suficientes; sin embargo, el sueño es normalmente lo primero que recortamos cuando trabajamos en exceso.

> El cuidado personal tiene muchos beneficios, entre los cuales se cuentan energía, una ventaja competitiva, y resistencia.

Y ¿qué hay con comer bien? No estamos hablando aquí de una dieta; hablamos de alimentar tu cuerpo para que tu cerebro pueda funcionar y puedas estar presente para las actividades que más importan en tu vida. El cerebro constituye el 2 por ciento del peso corporal, pero requiere el 20 por ciento de la energía del cuerpo para alimentarlo.[21] "Tu cerebro requiere una provisión constante de combustible", dice Eva Selhub de la Facultad de Medicina de Harvard. "Lo que comemos afecta directamente a la estructura y la función del cerebro y, en última instancia, a nuestro estado de ánimo".[22] Si no estas comiendo bien, tampoco estás pensando bien.

En tercer lugar, ¿estás moviendo tu cuerpo? Observemos que no comenzamos con "hacer ejercicio". Esa palabra puede detenernos. De repente, estamos de camino a ser miembro de un gimnasio y contratar entrenadores personales cuando lo único que necesitamos hacer es dar un paseo. Si has batallado con esto, si sientes que nunca puedes llegar a tener un movimiento consistente en tu vida, comienza por dar un paseo en tu receso para el almuerzo o después de la cena. Incluye a algún amigo si es posible.

Si eres deportista y te encanta el ejercicio o el movimiento intenso, adelante. Pero si esto te ha resultado difícil, baja las expectativas. Tal vez sal a pasear con tu perro en la mañana por quince o veinte minutos. Hay estudios que muestran una correlación directa entre el movimiento corporal y la función cerebral. Incluso el ejercicio de bajo impacto alimenta las neuronas y promueve el crecimiento de otras nuevas.[23] Cuando ejercitamos nuestras piernas estamos ejercitando, como dice un estudio, nuestro cerebro.[24]

El movimiento disminuye nuestros niveles de estrés y ansiedad, al mismo tiempo que eleva nuestra sensación de eficacia. En otras palabras, aumenta la creencia en que podemos lograr tareas difíciles, lo cual, a su vez, impulsa un mayor desempeño en el trabajo y en otras áreas de nuestra vida. Eso podría explicar por qué incluso se ha relacionado con salarios más elevados. Investigadores en Finlandia siguieron a 5000 gemelos varones durante el transcurso de treinta años. Rastrearon a quienes eran sedentarios y a quienes eran activos, y llegaron a la conclusión de que el movimiento y el ejercicio regulares daban como resultado salarios mayores a largo plazo, tanto como un 14 y un 17 por ciento más elevados.[25] Aumentar tu ritmo cardíaco podría ayudar a aumentar tu salario.

¿Cuáles son tus aspectos no negociables de cuidado personal, y dónde los encajarás? Hazte un favor a ti mismo. Planea esas cosas en tu calendario, ya que deberían tener prioridad, y no los restos que sobran. Como dice el escritor David Whyte: "Descansar no es ser autoindulgente. Descansar es prepararnos para dar lo mejor de nosotros mismos".[26]

¿Qué está evitando que te comprometas en este momento al cuidado personal?

Prioridades relacionales. Igual que el cuidado personal, necesitamos programar nuestras prioridades relacionales. Para mí (Megan), esto incluye estar presente con mis hijos después de la escuela. Como mamá que trabaja fuera de casa, en cierto modo esta es una hazaña que lograr, pero no es negociable. Quiero cenar en la casa con mi familia cinco noches por semana.

La investigación sobre los efectos que tiene en los niños seguir manteniendo cenas familiares regulares es convincente. Escribiendo en el *Washington Post*, Anne Fishel del *Family Dinner Project* señala estudios que acreditan que las comidas familiares reducen el consumo que hacen los adolescentes de alcohol, tabaco y drogas, junto con una menor incidencia de trastornos alimentarios, pensamientos suicidas, violencia, problemas en la escuela, y actividad sexual prematura.[27]

Podrás ver por qué el sencillo acto de comer juntos como familia está muy alto en mi lista de prioridades. Además, quiero tener una cita regular con mi esposo, Joel, cada semana. También asistimos a la iglesia los domingos. No es muy complicado, pero estas son las piedras angulares de mis aspectos relacionales no negociables. Los incluyo en mi calendario. Lo que está programado tiene menor probabilidad de ser olvidado descuidadamente o desplazado por alguna otra cosa.

Tal vez para ti suponga incluir los eventos deportivos o las actuaciones de tus hijos. Quizá sea una escapada de fin de semana con tu cónyuge cada trimestre. Joel y yo hemos hecho eso por mucho tiempo, y nos encanta. Pero si no lo incluyéramos en nuestro calendario, no habría modo alguno de programar una escapada repentina con una casa llena de niños pequeños. Tenemos que planearlo con antelación si queremos tener esa ganancia.

Tal vez para ti sea un viaje de pesca anual con algunos de tus mejores amigos de la universidad, o un viaje para hacer compras de Navidad en la ciudad. Quizá sea un café semanal o un almuerzo mensual con otros amigos. Mantener este tipo de relaciones puede ser un desafío para las personas muy triunfadoras. Y, sin embargo, los buenos hábitos son esenciales para tu crecimiento y bienestar personal. Si es un aspecto relacional no negociable, inclúyelo en tu calendario.

Unas palabras de advertencia: si no tienes relaciones significativas fuera del trabajo, eso no es demasiado saludable. Al menos, no es un buen manejo del riesgo; si cambias de empleo, por ejemplo, tu red social se evaporará.

Avanza hasta el final de tu vida. ¿Qué te gustaría haber hecho de modo diferente? La enfermera de cuidados paliativos Bronnie Ware registró los lamentos de sus pacientes moribundos. ¿Entre los cinco más comunes? "Me gustaría no haber trabajado tan duro". Bronnie observa: "Esto lo dijo un paciente varón al que cuidaba. Se perdieron los primeros años de sus hijos y el compañerismo de su pareja... Todos los hombres a los que cuidé lamentaron profundamente haber pasado una gran parte de sus vidas en la rutina de una existencia en el trabajo".[28]

Otro de los cinco puntos principales de Bronnie era el lamento relacional. "Me gustaría haberme mantenido en contacto con mis amigos", escuchaba decir a muchos. "Muchos de ellos habían quedado tan atrapados en sus propias vidas, que habían dejado que amistades muy valiosas se alejaran con los años", dijo ella.[29] Si quieres evitar ese lamento, hazte la pregunta: "¿cuáles son mis aspectos relacionales no negociables?".

Resultados profesionales. Este es el último en nuestra lista, pero también es esencial. Para tener éxito, debemos impulsar los resultados en el trabajo. Eso es cierto, seas el dueño de un negocio o un ejecutivo, un colaborador individual en un equipo más grande o el gerente intermedio. Esto comienza teniendo claridad con respecto a los resultados que eres responsable de producir. ¿Qué es lo que entregas?

En mi papel (Megan) como CEO de Michael Hyatt & Co., soy responsable de entregar nuestro presupuesto anual, desarrollar nuestro equipo ejecutivo, y construir la visión para el futuro. Mantengo en primera plana de mi mente estos tres resultados profesionales, y los utilizo para informar y priorizar mis decisiones con respecto a cómo emplear mi tiempo. Existen toneladas de peticiones o de oportunidades valiosas, aunque opcionales, que llegan a mi escritorio cada día. Pero al incluir en mi calendario el espacio necesario para lograr mi lista de "lo que necesito hacer", las cosas opcionales quedan a un lado.

Para obtener este nivel de claridad, tienes que identificar lo que impulsa los resultados de los que eres responsable, y planificar el tiempo para esas actividades. Para mí, significa dirigir a quienes se reportan directamente conmigo, pensar en maneras de optimizar iniciativas actuales, dirigir reseñas financieras ejecutivas mensualmente, y tomar decisiones finales sobre iniciativas importantes. Puedo hacer todo eso porque tengo muy claro dónde añado el mayor valor.

Esto me ayuda a saber dónde decir "sí" y dónde decir "no", no solamente ahora sino también en el futuro. Y eso es importante porque como líderes siempre estamos dirigiendo el negocio que tenemos en este momento, y también el que queremos tener el año próximo y los años posteriores.

Aquí tenemos dos preguntas a considerar cuando pensamos en construir para el futuro: "¿Qué necesito planear o en qué invertir ahora para producir resultados para mañana?". Y "¿cómo puedo llevar mi habilidad para liderar y producir resultados al siguiente nivel para así poder llevarnos hacia el futuro que quiero?".

Pasamos por alto o posponemos responder estas preguntas porque sentimos que no tenemos tiempo. Pensamos que tal vez el próximo año trabajaremos en visualizar el futuro. Pero seguir postergándolo significa estancamiento o disminución de ingresos; cuando no hay ideas nuevas, no se puede impulsar el crecimiento. Igual de malo es si no te estás preparando a ti mismo y a tu negocio para el futuro, ya que terminarás frenando tanto a tu empresa como a tu equipo. Tus mejores talentos podrían no quedarse.

Piensa en los futuros resultados que quieres crear y pregúntate a ti mismo cuáles serían tus aspectos profesionales no negociables. Por ejemplo, podría ser apartar tiempo para pensar en nuevas iniciativas, o actualizar infraestructura para avanzar en el futuro. Tal vez para ti como líder sea un *coaching* trimestral.

¿Cuáles son tus aspectos profesionales no negociables? Después de haberlos incluido en tu calendario, quizá pienses: *Bueno, no queda mucho tiempo*. Hay que esperar eso. Tu calendario ha intentado decirte eso por años. Al apartar tiempo, finalmente puedes ver lo que te ha estado diciendo: el tiempo es corto. Pero el tiempo también es amplio. Y ahora has tenido en cuenta lo que requieren tus aspectos no negociables. Nada se pierde excepto las cosas que, francamente, son opcionales.

ESTA ES TU VIDA

Uno de nuestros clientes de *coaching*, Chris, estaba "siempre activo", se esperaba que entregara textos en cualquier momento del día o de la noche, o que asistiera a un evento para recaudar fondos sin aviso previo. Pero, sabiamente, él hizo un cambio de carrera profesional para así poder tener tiempo para su matrimonio, para formar una familia, y para invertir en su salud. Así es como llegó a su decisión de cambiar.

El primer empleo de Chris al salir de la universidad estuvo en el mundo político, como el director ejecutivo de un gran comité de acción política en el sur de California. "Esencialmente, recaudábamos cantidades de dinero muy grandes para que los políticos resultaran elegidos", dice él. Se codeaba con peces gordos dentro y más allá del Golden State: congresistas, senadores, gobernadores, todos los escalafones hasta la Casa Blanca. "Yo era joven y cada vez tenía más responsabilidad y poder".

Chris era amigo personal del alcalde de una de las ciudades más destacadas del estado. El alcalde era joven, recién casado, y tenía su primer bebé. "Caminé a su lado durante su reelección", dijo. "Llegué a ver de primera mano el modo en que él estaba conectado constantemente a su BlackBerry. Él *nunca* veía a su familia. Desde el desayuno a las 6:30 de la mañana con constituyentes, patrocinadores y recaudadores, hasta fiestas de cóctel y cenas con individuos muy acomodados, esa fue su vida aproximadamente por dos años. Su esposa y él no eran otra cosa sino compañeros de cuarto".

El ejemplo demostró ser beneficioso para Chris. ¿Cómo? Demostrando que podemos decidir hacer *cualquier cosa* que queramos, pero simplemente no podemos lograr *todo* lo que queremos. Nadie puede orientar su vida tan exclusivamente en torno al trabajo y mantener su salud y sus relaciones.

"Sinceramente, no podía imaginar vivir como él", confesó Chris. "Yo pensaba: 'Tienes un bebé. ¿Alguna vez llegas a cargar a tu bebé?'. Él tenía un matrimonio solamente "de anillo", ¿verdad? Y, sin embargo, mientras pensaba en todo eso, *yo mismo* me estaba convirtiendo en ese mismo tipo de hombre". Chris entendió que estaba cediendo su vida directamente al culto al trabajo, igual que su amigo.

"Yo estaba ganando mucho dinero", decía. "Tenía una red de conexiones asombrosa. Me llamaban para desayunar, almorzar y cenar con líderes y donantes clave. La mayor parte de mi empleo era ganar y cenar con ellos en sus clubes, en sus segundas casas, pidiéndoles cheques. Mientras tanto, mi esposa Alicia y yo comenzamos a convertirnos en barcos que se cruzaban en la noche. Algunas veces, yo me levantaba y salía antes de que ella se despertara, y regresaba cuando ya estaba oscuro".

> Podemos decidir hacer cualquier cosa que queramos, pero simplemente no podemos lograr todo lo que queremos.

Chris estaba orientado totalmente hacia el trabajo, y despertando al hecho de que estaba dejando desatendido el resto de su vida, al mismo tiempo que otros ámbitos aumentaban en importancia. Alicia y él llevaban cinco años de matrimonio y hablaban de tener hijos.

Al ir conduciendo un día, él comenzó a pensar: *No soy el esposo que necesito ser, y no hay modo alguno en que podré ser el papá que podría o debería ser.* Esos pensamientos pasaban por su cabeza al mismo tiempo que la canción "Esta es tu vida", de Switchfoot, sonaba en la radio. "Esta es tu vida, ¿eres quien quieres ser?... ¿es todo lo que has soñado?". Tuvo que detenerse a un lado.

"Comencé a llorar", dijo. "Sabía que lo que estaba haciendo y la persona en la que me estaba convirtiendo no era aquello para lo cual fui creado. No era ese el papel que necesitaba desempeñar, ni en el mundo empresarial y tampoco en mi hogar. Especialmente, porque siempre había soñado con ser un gran padre". El momento fue decisivo para él.

"Cariño, necesito dejar la política", le dijo a Alicia al llegar a casa. No estaba seguro de cómo tomaría ella la noticia. Dejar el único empleo que había tenido sería perturbador, pero Alicia entendió la gravedad de la situación.

Ella agarró la servilleta de la mesa de la cocina. "Está bien", le dijo ella, "pensemos en cómo hacer que eso suceda". Ella comenzó a hacer una lista: "¿Qué se nos da bien? ¿Qué estudiamos? ¿En qué tenemos habilidades? ¿Cuáles son nuestros intereses?".

Mediante esa lluvia de ideas con la servilleta, Chris y Alicia identificaron una nueva aventura emprendedora que se convirtió en su sustento. Utilizando nuestros métodos y herramientas de productividad, diseñaron un estilo de vida que les permitía trabajar desde casa teniendo el margen y la flexibilidad para estar involucrados en la familia.

En lugar de perderse comidas con su familia debido a incesantes reuniones políticas para recaudar fondos, ahora Chris disfruta de la mayoría de las comidas en la semana con su familia. Chris ha modelado una ganancia saludable entre trabajo y vida que incluso su joven hija ha observado. "Papá", le dijo recientemente, "espero que mi esposo pueda quedarse en casa todo el tiempo como haces tú".

Chris no podría estar más feliz con su decisión de apartar tiempo para otras búsquedas importantes además del trabajo. De hecho, es el mentor de sus empleados para que entiendan que su éxito sostenible en el trabajo depende de la interacción simbiótica con su vida fuera de la oficina. Esto es lo que les dice:

"Les digo a mis empleados que terminen su trabajo cuando necesiten terminarlo. Pero si tu hija tiene un recital escolar a las 10:00 de la mañana del miércoles, debes estar ahí. Si hay algún día en el que te gustaría llevar a tu hijo a almorzar en la escuela, debes hacer eso. Mantenemos la flexibilidad en nuestra jornada laboral porque, aunque agradezco su gran trabajo, la vida discurre con sus cónyuges y sus hijos. Asegúrense de que están obteniendo el lugar adecuado en su vida".

PRÁCTICA DE LA DOBLE GANANCIA

DEFINE TU PROPIA DOBLE GANANCIA

Elon Musk es una figura atractiva, pero solamente si quieres tener éxito en una sola área, y quieres arriesgarte a perder incluso eso. Queremos alentarte a que imagines una realidad diferente.

No tienes que vivir una vida en la que estés abrumado, estresado constantemente, frustrado, y con la creatividad agotada. Esta nueva realidad comienza con imaginar un futuro diferente. Muchos líderes tal vez tienen que dejar de lado la incredulidad de que nunca nada puede ser diferente. Asesoramos a numerosos clientes que creen erróneamente que están condenados a esa falsa realidad.

Francamente, la mayoría de nosotros nos situamos en una posición de ser la víctima, como si este estilo de vida que produce estrés nos lo estuvieran imponiendo *a* nosotros en lugar de ser nosotros mismos quienes lo producimos. En algunos aspectos, la cultura refuerza la idea de que no podemos hacer otra cosa distinta a seguir la corriente.

Cuando pensamos en las razones por las que trabajamos demasiado, tendemos a enfocarnos en las razones culturales y sistémicas. Al adjudicar la razón a algo externo, podemos absolvernos de responsabilidad a nosotros mismos. Es totalmente posible que trabajemos en un entorno inmune al buen sentido con respecto al trabajo. Si ese es el caso, quizá podrías considerar cambiar de empleo; pero si te gusta mucho tu trabajo, debes tomar la responsabilidad de lo que puedes cambiar, y cambiarlo. Si lo permites, el impulso de la cultura, igual que una fuerte corriente, te enfocará en la dirección opuesta a la Doble Ganancia.

Tú puedes decidir. Puedes vivir con propósito, según el plan que has establecido; o puedes vivir por accidente, reaccionando a las demandas de otros. El primer enfoque es proactivo; el segundo es reactivo. No, no puedes planearlo todo; suceden cosas que no podemos anticipar. Pero es mucho más fácil lograr lo que más importa cuando somos proactivos, comenzando con el fin en mente, y utilizar nuestro calendario para vivir la vida que deseamos.

El proceso comienza admitiendo que no somos *Superman*. No tenemos una capa; no podemos enfrentar probabilidades insuperables y lograr *todo* lo que sale a nuestro camino. Ya que es imposible hacerlo *todo*, no podemos hacer que nuestra definición de éxito sea *hacerlo todo*. Es importante que nos detengamos y aclaremos el tipo de éxito que buscamos.

Un enfoque más realista, entonces, es definir *ganancia* como lograr las cosas que más me importan: en el trabajo y en el hogar. Estamos hablando de hacer las cosas que producen resultados. Solamente tú sabes lo que eso significa para ti. Esa es la buena noticia, porque puedes definir cómo se ve el éxito para ti.

La exejecutiva de Disney, Anne Sweeney, lo expresa de este modo: "Define el éxito según tus propios términos, alcánzalo mediante tus propias reglas, y construye una vida que te enorgullezca vivir". Cuando decidas la ganancia en el trabajo, considera las siguientes preguntas:

- ¿Cuál es mi aportación única?
- ¿Cuáles son las cosas que solamente yo puedo hacer?
- ¿Cuáles de mis actividades producen los mayores resultados?
- ¿Dónde mis habilidades y destrezas encajan mejor en mis pasiones e intereses?
- ¿Dónde quiero estar en mi carrera en tres años desde ahora?

Para mí (Megan), sé que estoy ganando en el trabajo cuando estamos cumpliendo o superando nuestras metas financieras, cuando nuestro equipo de liderazgo está creciendo en su liderazgo y efectividad, cuando estoy delegando a un alto nivel y tengo muy claro dónde añado yo el mayor valor, y cuando estoy cultivando proactivamente mi propio liderazgo y nuestra visión para el futuro de nuestra empresa. Mi ganancia *no* se ve como asistir a cada reunión o tomar cada decisión. Es simplemente imposible, y ciertamente no deseable.

- Cuando definas la ganancia en el hogar, considera estas preguntas como inicio:
- ¿Dónde puedo invertir mi tiempo para hacer que las personas a las que amo se sientan amadas por mí?
- ¿Cómo quiero ser recordado por las personas que más me importan?
- ¿Qué pasos puedo dar para asegurar un cuidado personal adecuado y buena salud?
- ¿De qué maneras puedo invertir en mi matrimonio para ayudarlo a prosperar?

Para mí, una ganancia en el hogar significa ser la persona que abre la puerta a mis hijos al final del día cuando regresan después de la escuela. Significa comer alimentos cocinados en casa en torno a nuestra mesa y practicar la gratitud y la conexión. Y significa pasar tiempo y divertirme con Joel.

Mi ganancia no incluye viajes por el fútbol, ser la madre guía de los Boy Scouts, la presidenta de la asociación de padres en la escuela, ni ofrecerme voluntaria para ser la mamá de la clase. Esos compromisos pueden estar en tu lista, y no hay nada de malo con eso, pero yo he decidido que esas actividades no son parte de cómo se ve *mi* ganancia.

Cada uno de nosotros decide qué ganancias va a perseguir y cuáles no seguirá. Recuerda: invertimos nuestro tiempo limitado para obtener el máximo beneficio sobre la inversión en las cosas que más nos importan a nosotros, no a nuestros vecinos o a la cultura en general.

Uno de los mayores obstáculos para alcanzar la Doble Ganancia es no recordar que el trabajo es solamente una de las muchas maneras de orientar nuestras vidas. Hay demasiadas personas que nunca se detienen a considerar lo que quieren que sea cierto de sus relaciones, o de su salud, de modo que se van desviando hacia un destino que ellos no habrían escogido.

Si no tienes claro en qué posición estás con respecto a otros ámbitos de la vida, piensa en utilizar nuestra herramienta gratuita (en inglés) LifeScore Assesment (Evaluación de puntuación de vida). Este recurso provee una "foto instantánea" fácil de la relativa salud de cada ámbito de la vida, y señala áreas en las que podrías considerar hacer algunas mejoras intencionales. Puedes encontrarlo en el Internet en WinAndSucceedBook.com/lifescore.

4

LIBERACIÓN MEDIANTE LIMITACIONES

PRINCIPIO 2

Las limitaciones fomentan productividad, creatividad y libertad

Independientemente de quién inventa y posee nuestro empleo, aun así podemos ser los creadores y dueños de nuestro trabajo.

ROBERT KEEGAN[1]

Nuestra clienta Tiffany dirige un negocio agrícola en Florida con su hermano Paul, que es también un cliente. Cultivan cientos de acres de terreno con productos orgánicos. Hace unos años atrás compraron el negocio a su papá, quien lo comenzó en 1987. Tiffany comenzó a trabajar para la empresa justo después de salir de la universidad hace unos quince años atrás. "Cuando me gradué de la universidad, trabajé muy duro", decía. "Pensé que había una correlación directa entre el éxito en tu negocio y el número de horas que trabajabas".

La suposición de Tiffany tiene sentido a primera vista. Mientras más trabajes, mayores serán tus resultados. Suena bien. Y los gurús de los negocios proclaman aquello como Moisés bajó del monte con palabras grabadas en piedra.

Ya escuchamos a Elon Musk en el capítulo anterior: "Trabajo muchísimo... de ochenta a cien horas por semana cada semana". El gurú de la inversión Grant Cardone, dice que en lugar de trabajar de nueve a cinco, los emprendedores deberían trabajar 95 horas: más de trece horas al día, cada día de la semana. Y el *influencer* en redes sociales Gary Vaynerchuk dice que los emprendedores deberían trabajar jornadas de dieciocho horas para hacer despegar su negocio.[2] Pero Tiffany descubrió que esa cuenta no funcionaba muy bien.

"A menos que estuviéramos de vacaciones —decía— quizá una vez al año, no había un fin de semana que yo no trabajara. Y también en las noches. Regresaba constantemente al trabajo, a la oficina, a la granja. Siempre intentaba escabullirme por un par de horas los fines de semana o en la noche para hacer cosas".

Ella vio algunos resultados de todas esas horas extra. Tiffany y Paul hicieron crecer el negocio tras hacerse cargo de él. "Mantienes la cabeza abajo y sigues, sigues, sigues". Pero el negocio no creció mucho o rápido; y hubo un costo, no solo para su vida personal, sino también para el negocio mismo.

Resultó que la correlación era falsa. "Sí que vimos cierto crecimiento —afirmaba—, pero yo trabajaba mucho y tenía esos días en los que terminas y realmente no sabes necesariamente lo que hiciste, pero estás cansado".

Tiffany se dijo a sí misma que era algo temporal; pero las pequeñas ganancias que estaban obteniendo requerían todo de ella, y no había indicación de que pudiera aflojar el ritmo.

De hecho, según el popular gurú de las matemáticas, ella tenía que invertir incluso más tiempo. El problema era que realmente no tenía más tiempo para dar; sabía que algo no iba bien. Sabía que necesitaba una ecuación mejor.

EL TRABAJO SE EXPANDE... Y SE CONTRAE

El trabajo es como el agua. Da vida, y también fluye por donde pueda, a menos que le pongan límites de otra manera. Necesitamos esos límites para tener acceso a sus propiedades que dan vida; pensemos en lo que hacen por nosotros las reservas de agua y los vasos para beber. Sin tener esos límites, el agua puede ser destructiva; pensemos en un río que se desborda e inunda calles y hogares.

Debido a las razones para el culto al trabajo de las que hablamos en el capítulo 2, existe una tendencia a que el trabajo se desborde e inunde los otros ámbitos. El trabajo con frecuencia se cuela en nuestro tiempo personal y relacional. Trabajamos temprano en la mañana antes de que comience el día laboral en lugar de dar un paseo o ir al gimnasio. Nos quedamos hasta tarde en la oficina y nos perdemos la cena con la familia. Utilizamos los fines de semana para intentar ponernos al día o avanzar en nuestras tareas a expensas de otros elementos no negociables, como el cuidado personal y las prioridades relacionales.

Real o imaginada, existe la expectativa de que estamos conectados a todas horas mediante correo electrónico, mensajería instantánea o teléfono; pero responder a asuntos relacionados con el trabajo fuera de las horas de oficina significa que ya no estamos presentes para otros ámbitos importantes y, como resultado, aportamos menos de lo mejor de nosotros mismos en el hogar y en la oficina. Al no guardar nuestros ámbitos no negociables, estamos dispersos y agotados.

Todos hemos caído en la trampa de Tiffany, pensando: *Si tan solo trabajo un poco más duro en este momento, recibiremos el beneficio, el descanso, el tiempo familiar, el tiempo para mí (lo que sea) más adelante.* Pero como todos descubrimos tarde o temprano, en realidad el trabajo no tiene fin. Es fácil vivir en negación, pensando que las horas extra serán temporales. Pero en un abrir y cerrar de ojos han pasado tres, cinco y diez años, y seguimos trabajando demasiado mientras que nuestra vida se dirige hacia otra dirección.

¿La solución? Crear límites en torno a nuestro día laboral, semana de trabajo y fin de semana. Probablemente conoces la Ley de Parkinson: "El trabajo se expande para rellenar el tiempo disponible para su terminación".[3] Bueno, aquí está el Corolario de Hyatt: "El trabajo se contrae según el tiempo permitido".

Según el culto al trabajo, los límites ahogan la productividad; pero, como veremos, las limitaciones realmente fomentan la productividad mediante la creatividad. Eso podría parecer contrario a la lógica a primera vista; pero los límites en el trabajo nos liberan y nos empoderan, permitiéndonos aportar lo mejor de nosotros no solo en el hogar, sino también en el trabajo; especialmente en el trabajo.

Igual que ponemos limitaciones a las corrientes de agua intencionalmente para que sirvan mejor a nuestras necesidades, debemos limitar intencionalmente nuestro día laboral. Cuando establecemos límites, creamos el margen que nos libera del culto al trabajo. Entonces somos libres para disfrutar plenamente del trabajo que tenemos en el tiempo que tenemos, libres del "tiempo trepador" que se

> Los límites en el trabajo nos liberan y nos empoderan, permitiéndonos aportar lo mejor de nosotros.

produce cuando permitimos que el trabajo llene las noches y los fines de semana. Somos libres para invertir en nuestra salud y en otros ámbitos de la vida e, igualmente importante, comenzamos a ver verdaderas ganancias también en el trabajo.

La verdad incómoda es que nosotros no tenemos mucho que decir en el asunto, de todos modos. Los límites son reales incluso si fingimos que no lo son.

LA REALIDAD DE LAS LIMITACIONES

Solo tenemos una cantidad limitada de energía mental y fuerza física; finalmente, tenemos que dormir incluso si no nos gusta ese hecho. El tiempo está delimitado de modo similar. Solamente tenemos 24 horas al día, 168 horas por semana. Limitar nuestro día laboral y nuestra semana laboral tiene que ver con trabajar intencionalmente dentro de los límites que ya tenemos para mejorar nuestra experiencia, maximizar resultados, y disfrutar más de la vida en el proceso.

No podemos hacerlo todo. Como Tiffany puede atestiguar, trabajar más duro o más horas no nos hace ser más productivos. De hecho, los estudios muestran regularmente que la productividad *disminuye* después de cincuenta horas por semana. Como han documentado investigadores de Stanford: "Los trabajadores que trabajan 70 horas no producen más con esas 20 horas extra. Meramente están girando sus ruedas, trabajando más horas, pero logrando menos".[4]

Erin Reid, profesora de la *Questrom School of Business*, de la Universidad de Boston, no pudo descubrir evidencia de que los empleados que trabajaban ochenta horas lograban hacer más que sus colegas que no trabajaban tanto. Resultó que sus jefes tampoco lo lograban. "Los gerentes no podían distinguir la diferencia entre los empleados que trabajaban ochenta horas por semana y los que solamente fingían hacerlo", reveló su investigación.[5] Eso se debe principalmente a que no hay ganancias que observar más allá de 50 horas de trabajo. Las ganancias netas son inexistentes.

En cambio, hoy día estamos descubriendo que debemos mirar al otro lado de la semana laboral de cuarenta horas para obtener ganancias de productividad. Algunos trabajadores hacen sus mayores aportaciones cerca de la marca de las treinta horas. El trabajo mental, que aparentemente es menos estresante que el trabajo físico, es muy demandante. Los trabajadores que hacen trabajo mental son buenos solamente por seis horas al día. Como dijo la escritora Sara Robinson tras mirar los datos: "Puedes quedarte más tiempo si tu jefe te lo pide; pero después de seis horas, lo único que realmente le queda es un trasero sentado en una silla. Tu cerebro ya ha desconectado y ha regresado a casa".[6]

Un estudio de las semanas laborales de empleados de Microsoft confirma el punto. Cuando marcaban cuarenta y cinco horas en el trabajo, solamente veintiocho eran productivas. Eso supone seis buenas horas por día.[7]

Sin duda, hemos sentido el profundo cansancio mental que conlleva este tipo de trabajo. Podemos aguantar y seguir hasta ocho, nueve, incluso diez horas; pero sentimos que nuestra eficacia disminuye a medida que aumentan las horas. Podemos llegar a frustrarnos por ese hecho. Es solamente un reporte, una hoja de cálculo, lo que sea. ¡No es tan difícil! Solo hay que terminarlo. Pero también sabemos que es mucho más que eso.

Cuando intentamos entender lo que hace que los trabajadores sean infelices, el profesor de Harvard Robert Keegan notó la intensa participación intelectual y emocional que se exige a los trabajadores modernos. El trabajo mental requiere de nosotros esencialmente "*inventar* o *apropiarnos* de nuestro trabajo", como dice él.[8] Esa es la parte objetiva de nuestra tarea: descripciones de trabajo explícitas, metas, proyectos, fechas límites, y otras cosas. Pero también está la parte subjetiva de nuestro trabajo: iniciativa personal, autoevaluación y análisis de proyecto, sin mencionar la responsabilidad por los resultados, las expectativas con respecto al crecimiento y la experiencia personal, y otras demandas sobre nuestro intelecto, nuestra imaginación y nuestros recursos emocionales.[9]

Al contemplar las demandas de cualquier trabajo en particular, normalmente nos enfocamos en los requisitos exteriores y objetivos. Esa parte parece desafiante, pero factible, incluso durante largos periodos de tiempo. Pero los requisitos interiores y subjetivos son igualmente integrales, aunque sean invisibles. Todos ellos llegan con un costo. No podemos seguir manteniendo esa cantidad de esfuerzo intelectual y emocional por tanto tiempo como suponemos.

No solo debemos tener en cuenta nuestros propios niveles de efectividad que van disminuyendo, sino también los sencillos límites del tiempo disponible. Son simples matemáticas. Hay 168 horas en una semana. Vamos a tener que dormir algunas de esas horas, y también debemos cuidar de nuestras necesidades físicas: comer, bañarnos, y los otros puntos esenciales. Podemos resentir esa realidad, o podemos ver esos límites como un regalo. ¿Cómo hacerlo? Porque nos fuerzan a aclarar, priorizar y ser intencionales en cuanto a lo que decidimos hacer.

No solo debemos tener en cuenta nuestros propios niveles de efectividad que van disminuyendo, sino también los sencillos límites del tiempo disponible.

LAS LIMITACIONES PERMITEN EL ENFOQUE

Por mucho tiempo, uno de los mayores desafíos que yo enfrenté (Michael) fue que tenía un entorno laboral sin límites. No había límites en torno a mi trabajo. No tenía una "hora de salida". Incluso si me las arreglaba para llegar a casa para la cena a las 6:00 de la tarde, abría la computadora portátil y trabajaba unas horas más. En los fines de semana, igual que Tiffany, me colaba otra vez en la oficina. Eso fue antes de aceptar los límites del tiempo.

Cuando me convertí en el CEO de Thomas Nelson en 2005, era el trabajo más importante que nunca había tenido. Éramos una empresa pública, negociada en la Bolsa de Nueva York. Yo tenía inversionistas, una junta directiva, 650 empleados, y miles de clientes a los que agradar. Rápidamente entendí que podía trabajar todas las 168 horas de la semana y aun así no lograr terminarlo todo.

Por fortuna, tenía un *coach* en aquel momento que me alentaba a establecer tres límites: no trabajar después de las 6:00 de la tarde; no trabajar los fines de semana; no trabajar en vacaciones. Al principio solamente presté atención a los *noes*. Me tomó un momento entender cómo eso afectaba a lo que yo *hacía*.

Los límites me forzaron a hacer un uso eficiente de mi tiempo de trabajo. Antes de aquello, con frecuencia me distraía, especialmente en las tardes. Entonces pensaba para mí: *Si no termino esta tarea antes de irme de la oficina, puedo hacerlo en casa después de la cena*. Indicación de Parkinson: el trabajo se expande para llenar el tiempo permitido. Pero mi límite autoimpuesto de las 6:00 de la tarde hacía que eso fuera imposible (ese fue el origen del Corolario de Hyatt).

Esa limitación me ayudó a mantenerme enfocado y evitar la actividad inútil. Ya no tenía el lujo de poder distraerme o desperdiciar tiempo en un trabajo sin sentido. El límite del tiempo me forzó a ser selectivo y presupuestar mis horas de trabajo para así ser libre para enfocarme en las otras esferas de la vida mientras que era más productivo en la oficina.

También experimentamos eso como empresa. Mencioné (Megan) en el capítulo 1 que yo tenía años trabajando seis horas por día. Tenía un tiempo preguntándome qué sucedería si tirábamos eso por la borda. Empresas en todo el mundo han experimentado un éxito notable con días laborales más cortos.

Por lo tanto, cuando comenzó la crisis de la COVID-19 decidimos enmendar formalmente el día laboral de Michael Hyatt & Co. y dejarlo en seis horas por día, como un experimento. Ya teníamos un horario flexible, pero queríamos limitar oficialmente la jornada laboral para asegurarnos de que nuestro equipo tuviera el tiempo que necesitaba para lidiar con las circunstancias extraordinarias del nuevo coronavirus.

Lo que descubrimos es que el día laboral más corto no solo fomentó un mayor enfoque, sino que también fomentó maneras nuevas y creativas de enfocar el trabajo.

LAS LIMITACIONES FOMENTAN LA CREATIVIDAD

Desde la niñez, Phil Hansen aspiraba a ser un artista. Estudió en una escuela de arte y se especializó en el estilo del puntillismo, una técnica de fragmento que utiliza cientos y miles de puntos diminutos para formar una imagen.

Con el tiempo, Hansen experimentó un grave daño nervioso, que causaba que su mano temblara. Ya no era capaz de hacer puntos perfectamente redondos; en cambio, sus puntos se parecían más a renacuajos. Para compensarlo, agarraba con más fuerza su pluma, lo cual solo servía para intensificar el dolor en la articulación y su sufrimiento. Hansen sentía que le estaban robando su carrera profesional, que le estaban robando su sueño. Consternado por ese giro de los acontecimientos, Hansen abandonó su arte por tres años completos; pero no podía negar su llamado.

Hansen decidió visitar a un neurólogo para comprobar si se podía hacer algo con respecto a los temblores. Qué lástima, pues el daño nervioso era permanente. Pero su neurólogo le hizo una sugerencia: ¿por qué no simplemente aceptar el temblor?

Al regresar a su casa, Hansen tomó pluma y lienzo y dejó que su mano temblara, temblara, y siguiera temblando, produciendo como resultado dibujos con líneas onduladas. "Aunque no era el tipo de arte que a mí me apasionaba", dijo él más adelante en una charla TED sobre su viaje, "entendí que podía seguir haciendo arte. Solo tenía que encontrar un enfoque diferente para crear el arte que quería".[10]

Aunque el temblor prohibía la creación de arte con puntos formados perfectamente, ese límite lo forzó a experimentar con otros métodos de fragmentar sus imágenes. Esto fue lo que él descubrió: "Si trabajaba a una escala mayor con materiales más grandes, mi mano ya no me dolía, y tras haberme alejado de un solo enfoque del arte, terminé teniendo un enfoque hacia la creatividad que cambió por completo mis horizontes artísticos. Fue la primera vez que me encontré con la idea de que aceptar una limitación podía en realidad impulsar la creatividad".[11]

Consideremos su retrato de la leyenda de las artes marciales Bruce Lee. Utilizando nada más que el costado de su mano mojado en tinta negra, Hansen aplicó golpes de pintura al lienzo con golpes de karate. Tras ese éxito, exploró otras limitaciones. Se planteó la pregunta, por ejemplo: ¿qué podría crear si solamente pudiera gastar un dólar en materiales? ¿O qué podría crear si pintaba sobre su torso en lugar de hacerlo sobre un lienzo?

"Ver mis limitaciones como una fuente de creatividad cambió el rumbo de mi vida. Ahora, cuando me encuentro con una barrera... sigo adelante con el proceso e intento recordarme a mí mismo las posibilidades".[12] Este mismo principio transformador se aplica a los negocios al igual que al arte.

"Los gerentes pueden innovar mejor aceptando los límites", según el investigador Oguz Acar y sus colegas. Tras revisar 145 estudios empíricos sobre el impacto que tienen los límites sobre la innovación y la creatividad, reportaron que "individuos, equipos y organizaciones por igual se benefician de una dosis saludable de limitaciones".[13]

Establecer límites, ¿cómo puede mejorar los resultados de nuestro trabajo? El equipo de investigación descubrió que los trabajadores que no tienen límites toman la ruta más fácil hacia la solución. "Se establece la complacencia", dijeron. En ese estado, "siguen la idea más intuitiva que llega a su mente en lugar de invertir en el desarrollo de ideas mejores".[14]

En términos similares, la investigación de la psicóloga de la Universidad de Rider, Catrinel Haught-Tromp, muestra que establecer limitaciones "permite una exploración más profunda de menos alternativas porque limitan el número abrumador de opciones disponibles a un conjunto manejable. Y a su vez —observa—, esto nos permite explorar sendas menos familiares y desviarnos por direcciones antes desconocidas".[15] Eso es lo que descubrió nuestra clienta Tiffany cuando decidió restringir sus días laborales y su semana de trabajo.

LAS LIMITACIONES TAMBIÉN IMPULSAN LA PRODUCTIVIDAD

El culto al trabajo no distingue entre tareas. Tan solo quiere que hagamos más cosas y hagamos de tripas corazón. Pero esa es una receta para el agotamiento. Como muchos emprendedores, Tiffany hacía un poco de todo; y el todo nunca termina.

Cuando ella y Paul se unieron a nuestro programa de *coaching*, comenzaron a cambiar su modo de trabajar, enfocándose no en trabajar más horas, sino en qué tipo de trabajo hacían durante esas horas. "Nunca me había sentado realmente y había mirado el cuadro general", dijo ella. "Te ayuda a detectar esas cosas donde realmente puedes hacer el máximo progreso, las cosas que se te dan bien, y las cosas que te apasionan. Realmente te ayuda a identificar dónde puedes hacer el progreso y dónde *disfrutarás* de hacer el progreso".

> El culto al trabajo no distingue entre tareas. Tan solo quiere que hagamos más cosas y hagamos de tripas corazón.

Ella comenzó a estructurar su negocio en torno a sus propias necesidades e intereses, inclinándose hacia tareas que le gustaban y que se le daban bien, y eliminando, automatizando y delegando el resto. Ese cambio marcó toda la diferencia. Ella no solo pudo ser libre de la cultura del trabajo, sino que también pudo romper el techo del crecimiento de la empresa. En lugar de obtener ganancias marginales o planas, en dos años hicieron crecer su negocio más del 60 por ciento, a la vez que trabajaban menos horas, no más. Ese es el tipo de matemáticas que todos necesitamos.

Hemos visto lo mismo con nuestro día laboral más corto en Michael Hyatt & Co. Recortando los días hasta las seis horas, nuestro equipo es más participativo y productivo, evaluando constantemente el trabajo que hacen o podrían hacer según ese recorte diario. Alienta una unificación mayor y mejor, y también elimina la actividad no esencial.

Un desempeño mejorado es uno de los resultados clave de jornadas y semanas laborales más breves cuando se prueba. Las empresas que han experimentado con horas de trabajo limitadas reportan una mejor colaboración y una adopción más rápida de herramientas y técnicas que ahorran trabajo, junto con un mayor enfoque y concentración. Y como destaca Alex Soojung-Kim Pang en su libro *Shorter* (Más breve), que es una exploración de jornadas y semanas laborales más limitadas, estas mejoras han conducido directamente a beneficios más elevados.[16]

Está claro que también ganan los trabajadores. Menos horas significa que somos libres para enfocarnos en los otros ámbitos de la vida. Pang explica: "Una jornada laboral más breve, crea un claro incentivo para la innovación individual y una mayor oportunidad para beneficiarte directamente de las mejoras que haces a la eficacia de una empresa".[17] Normalmente el producto del trabajo de los empleados pertenece a la empresa. Cualquier ganancia o mejora que se haga podría ser recompensada en forma de comisiones, extras o beneficios. Pero eso no es un hecho seguro.

Es diferente cuando estás trabajando para liberar tiempo. Pang agrega: "Recortar el día laboral no es como añadir al beneficio corporativo: un cambio que se hace muestra resultados casi inmediatamente y da beneficios en forma de ahorros de tiempo que todo el mundo disfruta".[18] Tiempo es dinero, y permitir que los trabajadores se queden con los ahorros es un potente incentivo hacia una mayor productividad e innovación, lo cual genera entonces mayores beneficios.

REALIZAR CAMBIOS

Aceptar las limitaciones nos impulsa a explorar maneras nuevas e inventivas de enfocar nuestro trabajo, de resolver problemas, completar proyectos, y más cosas. En lugar de hacerlo del modo en que siempre lo hicimos cuando trabajábamos más de cincuenta horas, desarrollamos maneras nuevas de terminar el trabajo, o —y esto es incluso mejor— descubrimos un mayor aprovechamiento, trabajamos con un beneficio más alto, y podemos abandonar el trabajo menos ventajoso.

Eso fue exactamente lo que hizo Tiffany, y que causó que su negocio creciera a la vez que le proveía más margen para el descanso. Al utilizar limitaciones, Tiffany ha llegado a ver que el trabajo y la vida operan como un todo simbiótico. El trabajo nos da confianza, alegría y provisión económica que llevar a casa, e invertir en nuestra salud, nuestros pasatiempos y nuestra vida en el hogar desarrolla claridad mental y alimenta un cuerpo descansado que llevar al trabajo.

Como dice Warren Buffet: "La diferencia entre personas exitosas y personas realmente exitosas es que las personas realmente exitosas dicen 'no' a casi todo".[19] En palabras sencillas, si no pones limitaciones a tu trabajo, no habrá margen suficiente para participar en actividades restauradoras como unas vacaciones adecuadas, o una noche tranquila, o un fin de semana descansado, o muchas otras.

SI QUIERES GANAR EN TU NEGOCIO Y TENER ÉXITO EN EL RESTO DE TU VIDA, EL SECRETO RADICA EN LIMITAR EL TRABAJO PARA HACER ESPACIO PARA EL RESTO DE TU VIDA.

Por otro lado, si ponemos limitaciones a nuestro trabajo, tendremos el margen para invertir en las actividades que finalmente impulsarán mejores resultados operativos en nuestro negocio.

Si quieres ganar en tu negocio *y* tener éxito en el resto de tu vida, el secreto radica en limitar el trabajo para hacer espacio para el resto de tu vida. Si te aplicas a ti mismo a esto, la vida que tendrás en seis meses desde ahora, o en un año desde ahora, será mejor, más abundante y más satisfactoria de lo que estás experimentando en el presente.

PRÁCTICA DE LA DOBLE GANANCIA

LIMITA TU JORNADA LABORAL

Por lo tanto, ¿cuándo trabajarás y cuándo no lo harás? Esa es la pregunta a responder. Imagina que tu día es un vaso de 24 onzas. Digamos que tienes tres líquidos básicos con los cuales llenar el vaso: logro, falta de logro, y descanso.

En este contexto, el logro se refiere principalmente al trabajo. La falta de logro se refiere a socializar, educar a los hijos, jugar, pasatiempos, o sencillamente desconectar (por cierto, hablaremos de la falta logro en profundidad en el capítulo 6). ¿Qué hay acerca del tiempo de viaje al trabajo? Depende de la persona. Algunos lo utilizan para el logro, otros para la falta de logro. Hay una diferencia entre llamar a clientes y escuchar una novela. Cómo utilices ese tiempo es tu decisión. Y el descanso, claro está, significa principalmente horas de sueño (hablaremos más de eso, por cierto, en el capítulo 7).

Tu vaso no se hará más grande. Al igual que el tiempo, está determinado. Pero puedes cambiar la proporción de ingredientes que lo llenan todo lo que quieras. El culto al trabajo insiste en llenar el día con logro; pero como la capacidad del vaso no cambia, esto deja menos lugar para la falta de logro y el descanso. Para muchas personas triunfadoras, su vaso se parece a la ilustración de la página siguiente.

Si estos ingredientes fueran un cóctel, sería difícil tragar estas proporciones, especialmente si fuera de modo regular.

También podemos dar un trago a una dosis extra de logro cuando lo necesitemos, pero no continuamente.

La Doble Ganancia sugiere una receta diferente: varias recetas diferentes, de hecho, dependiendo de tu gusto y tus necesidades personales. Puedes jugar con cantidades para que encajen en tu situación, pero aconsejamos comenzar con partes prácticamente iguales de logro, falta de logro y descanso. Un vaso bien balanceado se ve así:

Para las personas que tienen la discreción y la flexibilidad para manejarlo, recomendaríamos incluso más tiempo de falta de logro y de descanso, lo cual de modo natural disminuirá la cantidad de tiempo dedicado al trabajo o al logro.

¿Por qué? Como vimos anteriormente en este capítulo, el trabajo mental es extremadamente demandante; seis horas por día es un límite superior para la mayoría de los trabajadores que hacen trabajo mental.

La parte más importante de limitar tu día laboral es establecer límites fijos al principio y al final del día. Podría resultarte deseable añadir algún tiempo en medio del día para un almuerzo más prolongado, un paseo o una siesta. Eso es siempre una opción; pero el inicio y el final del día laboral son esenciales. Para algunos, eso se ve como no organizar reuniones antes de las 9:00 o 9:30 de la mañana, permitiendo así tiempo para un ritual de inicio de la jornada laboral (ver el libro de Michael *Libre para enfocarte*, pp. 167-188). Podría verse como no organizar reuniones después de las 4:00 de la tarde.

Un ritual de término de la jornada laboral es igualmente útil, pues te permite atar cabos sueltos antes de irte. En lugar de tener una decena de cosas que todavía tienes que terminar cuando llegas a casa, eres libre para estar presente.

¿Cómo podría verse para ti una jornada laboral con límites? Sea cual sea la idea que diseñes, tendrás que compartirla con tu equipo, clientes y jefe. Asegúrate de convencer a las partes interesadas de por qué les conviene apoyar tus límites. Es ahí donde normalmente nos equivocamos cuando establecemos estos límites. Solamente le decimos a los demás: "Estoy disponible solamente entre las 9:00 y las 4:30". Fin. Eso normalmente no es muy bien recibido. En cambio, tenemos que pensar por qué está a favor de *sus* mejores intereses honrar nuestros límites y convencerlos del punto. Si quieres ganar en el trabajo y tener éxito en la vida, tienes que defender eso.

Roy, uno de nuestros clientes de *coaching*, lo hizo. Inicialmente experimentó cierta resistencia de sus colegas. "Al principio tuvimos varias conversaciones intensas", nos dijo. "Les preocupaba si no podían contactarme a las 6:00 de la mañana o a las 7:00 de la tarde para abordar algún problema porque estaban en un vuelo en algún lugar y necesitaban hablar enseguida. Los reté a que me evaluaran por las cosas que importan; una de esas métricas era la retención del equipo. Es decir, si mi equipo está satisfecho y si me acompaña durante mucho tiempo. En segundo lugar, les dije que sopesaran si yo estoy generando más dinero neto en beneficios para la empresa que cualquier otra persona en la región. Si la respuesta era positiva a ambas cosas, entonces les dije que me dejaran tranquilo para poder hacer mi trabajo". Sus colegas han honrado sus límites, y dice Roy: "Hasta ahora he dado esos resultados".

Dicho eso, es oportuno hacer una advertencia. Tienes que estar dispuesto a hacer excepciones ocasionales con esos límites. Querrás mantener la línea ahí aproximadamente el 90 por ciento de las veces, porque sí se producen emergencias reales. Las personas harán mucho más que apoyar tus límites si saben que estás dispuesto a acomodar las emergencias verdaderas cuando surgen. Queremos ser firmes, pero no rígidos.

Se parece un poco a los amortiguadores en un vehículo. Son firmes, pero flexibles, y eso les permite absorber los baches en la carretera. Mientras que los resultados que estás produciendo no sufran, y si tu jefe y tus clientes conocen tus *razones*, por lo general honrarán tus límites. Si no lo hacen, tal vez sea el momento de encontrar un nuevo jefe o un nuevo conjunto de clientes, quienes compartan tu compromiso con el éxito en el que ambas partes salen ganando.

5

LA PROMESA DE BALANCE

PRINCIPIO 3

El balance entre trabajo y vida es verdaderamente posible

Pasamos gran parte de nuestra vida laboral intentando negar nuestra humanidad.

RICHARD SHERIDAN[1]

Pocas cosas me hacen más feliz (Megan) que un plato humeante de *pad thai*. Hay un lugar cerca donde a Joel y a mí nos gusta ir para tener citas en la noche. Él pide *curry*; yo pido *pad thai*. La primera vez que fuimos, yo ni siquiera tuve que mirar el menú, pues sabía exactamente lo que quería. Lo había estado deseando por semanas. La camarera se acercó a nuestra mesa con su cuaderno y su pluma para anotar nuestras órdenes.

"¿Han decidido lo que van a ordenar?", preguntó.

"Yo tomaré el *pad thai*", dije, pidiendo también unos rollitos de primavera.

"¿Qué número para el *pad thai*, del 1 al 5?", preguntó ella.

"¿Qué significan los números?".

"Cuán picante lo quiere. El 1 es el menos picante, y el 5 es el más picante".

Me detuve un momento para pensar mi respuesta. Sí que me gusta la comida picante, aunque no tan picante como a Joel; él come demasiado picante para mi gusto. Pero a mí tampoco me gusta que no sea sabrosa. No es *pad thai* sin que pique algo. Decidí adoptar el enfoque de Ricitos de Oro, ni demasiado suave, ni tampoco demasiado picante. "Tomaré el 3".

Habíamos terminado con los rollitos de primavera y estábamos inmersos en la conversación cuando llegaron los platos principales. Estaba emocionada. Asimilé el vapor con su aroma a cilantro, cacahuates y salsa. Exprimí por encima una rodaja de lima y enrollé unos fideos en mi tenedor. El primer bocado fue asombroso. Entonces, sin advertencia previa, casi comenzó a arderme el cabello. ¡Vaya, eso sí que estaba picante! Y el picor era cada vez más intenso. Comenzaron a arderme los labios, y también me lloraban los ojos. ¿Había marcas de quemaduras en mis mejillas?

Probé otro bocado, pero no estaba segura de sí podría seguir comiendo. No quería rechazar la comida. Aquello no era culpa del restaurante, pues eran totalmente competentes cocinando los platos que ofrecían. Pero el picante, al menos para mi gusto, estaba totalmente desbalanceado. Lección aprendida. La siguiente vez que fuimos pedí el número 1. Era perfecto.

PASAR POR ALTO EL PUNTO

El balance lo es todo. Pero en estos tiempos está de moda menospreciar o incluso atacar este concepto. Algunos lo llaman una fantasía, y otros lo llaman un mito. "No hay tal cosa", dice un experto. "De hecho, iría tan lejos como para decir que la idea misma es una mentira insidiosa".[2] Un columnista de la revista *Forbes* describe la búsqueda de balance entre trabajo y vida como "la versión de esta generación de la búsqueda de la fuente de la juventud".[3] Otro escritor lo denomina "una idea frustrante e inútil".[4]

Maria Popova es la impulsora de *Brain Pickings*, uno de los sitios web que más incita a la reflexión en internet. "A menudo me entristece cuando la gente habla de 'equilibrio entre vida laboral y personal'", dice, "una noción que implica que necesitamos contrarrestar las incomodidades que soportamos para ganarnos la vida con las actividades placenteras que anhelamos para sentirnos vivos".[5]

Creemos que ha diagnosticado mal el problema. El trabajo es bueno. De hecho, hay tanta bondad en el trabajo que debemos ser conscientes de darle a otros aspectos de la vida el valor que merecen.

Nos preocupa que decir que el equilibrio entre la vida laboral y personal es un mito, o algo peor, que se convierta en la punta de lanza del exceso de trabajo. Lo vemos en la vida de las personas a las que asesoramos. A medida que aceptamos el hecho de que mantener el equilibrio es difícil, hacemos compromisos temporales que afectan negativamente a otras áreas de la vida. Si no estamos comprometidos con el equilibrio, esos compromisos pueden convertirse fácilmente en patrones de conducta establecidos.

Consideremos a la experta en estilo de vida Martha Stewart. "Es una de las cosas más difíciles de lograr; ese equilibrio, que es tan difícil de alcanzar para la mayoría de nosotros, no funcionó para mí", le dijo a la CNN. "Tuve que sacrificar un matrimonio debido a las atracciones de un gran empleo. Es imposible para la mayoría de nosotros llegar a ese balance".[6]

Tal vez los detractores creen que el balance es un mito porque, como Popova, tienen una perspectiva equivocada de cómo se ve el balance.

ENTENDER EL BALANCE

Hace años atrás, yo (Michael) llevé a un grupo a un curso de cuerdas. Podría parecer un ejercicio sentimentaloide de alineamiento de equipo, pero en realidad fue una experiencia estupenda. La mayoría de nuestro enfoque estaba en aprender a mantener el balance. Para hacerlo, nuestro anfitrión ató cuerdas entre varios troncos de árboles, a unas doce pulgadas del suelo. Nos arriesgábamos a una torcedura de tobillo y cierta vergüenza, pero nos resultó muy desafiante.

Aprendimos varias lecciones valiosas. En primer lugar, estar balanceado y caminar sobre una cuerda floja es una cosa cuando lo haces a solas. En cuanto se añade otra persona, o varias personas, el factor dificultad aumenta exponencialmente. En segundo lugar, tuvimos que aprender a agarrarnos los unos a los otros mientras cruzábamos sobre la cuerda. Constantemente nos balanceábamos mutuamente a medida que íbamos avanzando. Eso requería comunicación y coordinación.

En tercer lugar, y lo que más recuerdo de todo, es que cuando estábamos balanceados nunca teníamos la sensación realmente de que estábamos balanceados. Nuestras piernas se movían constantemente y se tambaleaban; nos esforzábamos por agarrarnos los unos a los otros y al árbol más cercano. Pero nos mantuvimos sobre esa cuerda por mucho tiempo haciendo pequeñas correcciones, ajustando nuestro peso, intentando mantenernos erguidos. Si estábamos estáticos, nos caíamos todas las veces.

El balance requiere un esfuerzo constante. Estábamos en menor peligro cuando hacíamos ajustes en el desbalance que sentíamos. Con intencionalidad y práctica, nadie tenía por qué caerse. Y así exactamente es la vida.

Es un error creer que llegarás alguna vez a algún periodo en la vida en el que puedas distribuir equilibradamente tu tiempo, energía y enfoque, de modo que estés empleando la misma cantidad de tiempo en el trabajo y en tu vida personal. Eso nunca va a suceder; y tampoco es la meta. En cambio, la clave es emplear la cantidad de tiempo *apropiada* en cada una de las categorías importantes de la vida. Eso se ve diferente en distintos momentos y temporadas.

A continuación, tenemos tres aspectos vitales del balance a tener en cuenta, especialmente cuando aplicamos el concepto a nuestro trabajo y nuestra vida:

Balance no es lo mismo que descanso. Cuando las personas a las que enseñamos hablan de su necesidad de tener más balance, lo que en realidad están diciendo es que están estresadas, abrumadas, agotadas, y con necesidad de un largo periodo de descanso. Entendemos eso. Pero si creemos que lograr el balance significa conseguir finalmente un descanso muy necesario, entonces nos estamos perdiendo algo importante. El balance no se trata de descanso, aunque sí incluye el descanso, porque sin un descanso adecuado, la productividad y la eficiencia sufren.

El balance se trata de *distribuir demandas* de modo que podamos mantenernos en el camino con una ganancia en el trabajo y en la vida. No queremos canibalizar una esfera de la vida para alimentar la otra, y eso requiere intencionalidad. No te desalientes; simplemente es parte del reto.

El balance es dinámico. "La vida es como montar en bicicleta", dijo Albert Einstein en una carta a su hijo Eduard. "Para mantener el balance debes seguir moviéndote".[7] Todos lo hemos experimentado. Mientras más lento te mueves, más difícil es evitar que tu bicicleta se tambalee hasta que te caes. El impulso nos ayuda a mantenernos erguidos y en el camino.

Lo mismo sucede con todas las correcciones y los ajustes que hacemos a lo largo del camino para mantenernos balanceados. El balance requiere ajustar nuestro calendario y nuestras listas de tareas. Si está correcto una semana, aun así requiere atención la semana siguiente, o cuando surgen circunstancias inesperadas. Inevitablemente tu jefe te pedirá que trabajes hasta tarde para terminar un proyecto; un niño se enfermará, requiriendo tu atención; tu auto se averiará; o tu vuelo será cancelado. No dejes que eso te lance a un círculo vicioso. Como un deportista cuando está en la pista, recuérdate a ti mismo que estás en un maratón, no en una carrera de velocidad. Sigue tu ritmo con correcciones de rumbo mínimas para mantener tu paso.

La economista laboral y profesora de negocios de Stanford, Myra Strober, utiliza otra analogía. "Un cohete apunta exactamente a su rumbo solo en el despegue y el aterrizaje", dice. "Entre esos dos puntos, se aleja constantemente de su trayectoria y tiene que ser 'enderezado'. Así también sucede con el trabajo y la familia. Las dos cosas pocas veces están balanceadas, y cada miembro de la pareja debe estar atento para detectar cuándo el desequilibrio requiere corrección".[8]

El balance es intencional. Nuestro cuerpo está programado para mantenerse erguido, pero es necesario un poco más de enfoque cuando se trata de las complejas responsabilidades y relaciones que constituyen nuestras vidas. Debemos tomar decisiones y realizar acciones con propósito si queremos mantener el balance. No es accidental. Esas decisiones y acciones serán diferentes para cada uno de nosotros, pero es esencial que todos las tomemos, igualmente.

Cuando decimos que el balance es intencional, eso también significa que es una "cosa causada": nosotros hacemos que suceda. El balance no va a aparecer en tu puerta y anunciar: "Aquí estoy, ya estás balanceado y listo para salir". Dicho de otro modo, el balance comienza con tu intención de crear algo diferente con tu futuro. Es alcanzable, pero tienes que formular y desarrollar un plan para llegar a la Doble Ganancia futura que diseñas.

INTERCAMBIOS

Hablando de modo práctico, el balance se trata de intercambios. Cuando trabajas más de cincuenta, sesenta o setenta horas por semana, estás poniendo en riesgo cuatro bienes importantes que podrían impulsar, si se cuidan adecuadamente, tu éxito en la oficina. Por el contrario, descuidarlos es situarte a ti mismo en riesgo de un amplio abanico de consecuencias indeseadas.

Intercambio en tu salud. Cuando estás comenzando tu carrera profesional, es tentador creer que puedes seguir adelante comiendo comida chatarra en lugar de apartar el tiempo para preparar o comprar un plato sano. De modo similar, es fácil saltarte tu rutina de ejercicio a favor de pasar tiempo extra en el trabajo.

Dick Costolo, exdirector general en Twitter, cree que esa es una estrategia de poca visión. Aunque dirigía una empresa global con más de 200 millones de usuarios activos, él sacaba tiempo para el ejercicio regular. "Obtendrás un beneficio mucho mayor de veinte minutos de ejercicio que el que obtendrás de otros veinte minutos mirando correos electrónicos o estando en reuniones", dice.[9]

Descuidar nuestra salud inevitablemente nos pasa factura. ¿Cuántas personas conoces que han muerto jóvenes simplemente porque se negaron a ocuparse de sí mismos? Desde luego que hay enfermedades congénitas y otros problemas que causan que algunas personas mueran prematuramente; pero al menos la mitad de nuestros problemas de salud son autoimpuestos.

Intercambio en tu familia. Vimos anteriormente que ejecutivos y emprendedores experimentan divorcios a un ritmo más elevado que el resto de la fuerza laboral. El costo relacional del culto al trabajo es incalculable. No estamos hablando tan solo de tener que pasar una pensión al cónyuge, una pensión alimenticia, la división de los bienes, terapia, o los costos adicionales relacionados con una educación de los hijos compartida en dos hogares. A veces el divorcio es inevitable, pero si podemos identificar el culto al trabajo como una causa fundamental, entonces ciertamente podemos abordar al menos eso.

Y pensemos en nuestros hijos. Si tú (como yo, Michael) no inviertes en ellos cuando son pequeños, te verás forzado a pasar tiempo con ellos más adelante: en la oficina del director de la escuela, en la consulta de consejería, en rehabilitación, o en algo peor.

Como contraste, los estudios demuestran que un matrimonio y una dinámica familiar saludables soplan vida en tu bienestar emocional y tu satisfacción personal, al igual que en la longevidad.[10] Toma tiempo para disfrutar de tu familia cuando puedes. Esos beneficios solo se producen influenciando y protegiendo a tu familia del culto al trabajo.

Intercambio en tus amigos. Como dijo Aristóteles hace siglos atrás: "En la pobreza y en otras desgracias de la vida, los verdaderos amigos son un refugio seguro. Mantienen a los jóvenes lejos de las travesuras; consuelan y ayudan a los viejos en sus debilidades; e incitan a quienes están en la flor de la vida hacia obras nobles".[11] El tiempo y la investigación han demostrado que tenía razón.

Tristemente, yo (Michael) no tuve realmente amigos muy cercanos hasta hace unos siete años atrás. Aborrezco admitir eso. Tenía colegas en el trabajo, pero eran conocidos, personas con las que tenía una relación profesional que yo confundí con amistad. Esas relaciones son estupendas, pero llegan hasta donde llegan. Sin embargo, se produce una dinámica totalmente diferente al tener amistades profundas con personas que no tienen ningún otro plan que quererte, compartir tus alegrías, y consolarte en momentos de tristeza.

Los buenos amigos también tienen implicaciones para mejorar la salud. Según la Clínica Mayo: "Los amigos también desempeñan un papel importante para promover la salud general. Los adultos que tienen un fuerte apoyo social tienen un riesgo reducido de muchos problemas de salud importantes, entre los que se incluyen depresión, elevada presión arterial, y un índice de masa muscular poco saludable".[12] Por fortuna, tras diseñar mi calendario en torno a los principios de la Doble Ganancia, sé que he cultivado ese tipo de relaciones, y soy una mejor persona debido a ello.

Intercambio de tu eficacia y productividad. El estrés ocasional puede mejorar el desempeño, pero cuando la presión del trabajo es constante, lo mina. Pensemos en los deportes. En el golf, mientras más duro trabajas en tu juego, mientras más fuerte agarras el palo, y más encima te echas de él, más estresado estás. Y tu *swing* sufre como resultado. Lo mismo sucede en la pesca con mosca, o en casi cualquier cosa.

Jim Loehr y Tony Schwartz, coautores de *The Power of Full Engagement* (El poder de la dedicación completa), trabajaron con deportistas profesionales. Observaron que cuando los deportistas comenzaban a estresarse y a ponerse tensos, su desempeño disminuía. Ellos tomaron lo que aprendieron de su trabajo con deportistas y comenzaron a aplicarlo a profesionales; y vieron el mismo fenómeno. El estrés constante minaba el desempeño.

El estrés constante nos deja infelices, y eso también marca nuestra productividad. Un estudio realizado por tres economistas de la Universidad de Warwick descubrió que una mayor felicidad producía un 12 por ciento de mejora en la productividad. Los trabajadores infelices, por otro lado, eran un 10 por ciento menos productivos.[13]

Estos son los cuatro bienes principales que pones en riesgo cuando no tienes a la mano este manejo de las prioridades: tu salud, tu familia, tus amigos, y tu efectividad.

Ahora bien, no nos malentiendas. Nosotros trabajamos duro y algunas veces metemos la pata y aceptamos demasiados compromisos. Al buscar el balance, tenemos que ser amables con nosotros mismos. "Un cohete apunta exactamente

ESTE ABANDONO DEL BALANCE AFECTA ESPECIALMENTE A LAS MUJERES.

a su rumbo solo en el despegue y el aterrizaje", para citar de nuevo a Myra Strober. Si te encuentras en un periodo en el que estás desbalanceado, piensa en los intercambios y recupera el rumbo.

Lo que más nos preocupa es la suposición generalmente sostenida de que se debe abandonar el balance y sacrificar tu bienestar familiar, tu vida familiar, cultivarse a uno mismo, la salud emocional y la salud espiritual solo para ser y mantenerte competitivo. Este abandono del balance afecta especialmente a las mujeres.

ADÁN, EVA Y DON

"La marcha frenética del día". Así es como la CEO Jennifer Goldman-Wetzler describe el periodo entre las 6:00 de la mañana y las 9:00 de la noche. Ella afirma lo siguiente: "Como para la mayoría de los padres trabajadores, cada día es una delicada máquina de Rube Goldberg de partes movibles; si desvío mi atención, perdiendo uno de los pasos de la secuencia, la bola se cae y termina el juego. Al menos eso parece".[14]

Yo (Megan) conozco esa sensación. Goldman-Wetzler habla de los padres trabajadores en general, pero el reto de conseguir hacerlo todo cada día a menudo recae de modo desigual sobre las mujeres. Keynes estaba equivocado en más cosas que solo la semana laboral de quince horas. Aunque él bromeaba sobre que "el viejo Adán en la mayoría de nosotros" realizaría todo el trabajo necesario en unas pocas horas al día, aparentemente nunca imaginó que Eva entraría en la población trabajadora. Pero lo hemos hecho, y estamos sobresaliendo. También estamos batallando, como se evidencia por el análisis de autoras como Brigid Schulte en su libro *Overwhelmed* (Abrumada) y Anne-Marie Slaughter en *Unfinished Business* (Asunto sin terminar).

Hablando tradicionalmente, las mujeres han dirigido la esfera doméstica mientras que los hombres trabajaban en una profesión. Cuando las mujeres entraron en la fuerza laboral, sin embargo, retuvieron sus compromisos domésticos a la vez que añadían los profesionales. Eso significa que una profesional a jornada completa podría trabajar cincuenta horas en la oficina, posiblemente más, y al mismo tiempo intentar administrar su hogar, a sus hijos, y todo el resto: citas con el pediatra, planificación de comidas, hacer la compra, cocinar, reuniones escolares, y lavar ropa, ropa y más ropa. Hacer todo eso requiere una cantidad increíble de planificación y de ocupación; y si una de las piezas se desplaza de su lugar, como en la máquina de Rube Goldberg, el día se vuelve caótico.

Cuando yo (Michael) me estaba abriendo camino por primera vez en los negocios, podía contar con que Gail se ocuparía del lado doméstico de nuestras vidas. Ese era nuestro acuerdo no declarado. Como dije en los capítulos 1 y 2, yo llegué demasiado lejos. Muchos hombres lo hacen. No puedo imaginar la carga de dirigir una empresa *y* dirigir un hogar. Pero muchas mujeres hacen precisamente eso.

La mayoría de las mamás trabajan ahora fuera de casa a jornada completa, según el *Pew Research Center*; solo una tercera parte estaban empleadas a jornada completa en 1968.[15] En 2015, tanto mamá como papá tenían un empleo a jornada completa en casi la mitad de los hogares.[16] Los hombres tienden a trabajar más horas, pero datos de la encuesta *American Time Use Survey* muestran que las mamás que trabajan fuera de casa emplean tres y un tercio más de horas en el cuidado de los hijos, hacen tres horas y media más de trabajo doméstico, y tienen unas cuatro horas menos de ocio por semana que los papás trabajadores.[17]

Y decir ocio podría ser cierta exageración, de todos modos. El tiempo de ocio de las mujeres, como destaca Brigid Schulte, a menudo implica una cantidad tremenda de actividad parecida al trabajo. "Las mujeres son normalmente quienes planean, organizan, empacan, ejecutan, delegan, y limpian después de las salidas de fin de semana, los días festivos, las vacaciones, y los eventos familiares", dice ella. Eso es lo que hacen las mamás, ¿no es cierto?

Ellas también terminan dedicando gran parte de su tiempo de ocio a sus hijos, reteniendo solamente "pedazos de tiempo ininterrumpido". Schulte menciona un estudio a treinta y dos mamás de clase media en Los Ángeles, cuyo tiempo de ocio normalmente se producía en periodos de diez minutos o menos".[18] Es difícil tener largos periodos para descomprimir y relajarse. Eso es cierto para los hombres, como hemos visto, pero parece que lo es más para las mujeres.

Las cargas añadidas del hogar producen presiones y estrés de los que a las mujeres les gustaría escapar. El psicólogo cuyas observaciones sobre el fluir exploramos en el capítulo 2, Mihaly Csikszentmihalyi, ha observado que los hombres son más felices en el hogar que las mujeres, cuyo estado de ánimo mejora en la oficina.

Como reporta Schulte sobre los descubrimientos de Csikszentmihalyi: "Las mujeres... reportaban sentirse más contentas en torno al mediodía, cuando la mayoría estaban en el trabajo, y se sentían peor entre las 5:30 y las 7:30 de la tarde". Este es el periodo de tiempo cuando se desvanece el brillo del fluir, y conlleva recoger a los niños, pensar en la cena, supervisar tareas, rutinas de la tarde, y el resto. "Para las mujeres", dice Schulte, "el hogar, sin importar cuán lleno de amor y felicidad esté, es simplemente otro lugar de trabajo".[19]

Yo (Megan) sé que algunas personas que lean estas palabras podrían verse tentadas a descartarlas; pero la incómoda verdad es que las normas sociales y económicas han cambiado, mientras que las expectativas culturales quedan en cierto modo relegadas. Las mujeres se quedan ahí para compensar la diferencia.

Por fortuna, estas desigualdades están mejorando. En la actualidad, los hombres están mucho más dispuestos que sus padres a renegociar los roles y las responsabilidades tradicionales. Joel y yo, por ejemplo, hemos intercambiado y reorganizado cómo enfocamos las obligaciones con los niños, las tareas, y otras cosas similares. Pero las desigualdades siguen estando presentes y siendo problemáticas para incontables mujeres que intentan dar lo mejor en su hogar y también en la oficina, especialmente cuando miramos más allá de los problemas en el hogar y vemos cómo el trabajo se suma al desequilibrio que experimentan las mujeres.

Las desigualdades siguen estando presentes y siendo problemáticas para incontables mujeres que intentan dar lo mejor en su hogar y también en la oficina.

Schulte y otros han señalado que la imagen del trabajador ideal arraigada en la cultura laboral estadounidense es la de un hombre sin verdaderas responsabilidades familiares externas: alguien que puede trabajar horas ridículas y sacrificar márgenes de beneficio por los objetivos de la empresa. Michelle King, directora de inclusión en Netflix, lo denomina el ideal de Don Draper, por el personaje de la exitosa serie televisiva *Mad Men.*[20] Los hombres familiares batallan para desempeñar en contra de este estándar, pero el reto para las mujeres es todavía mayor.

La respuesta a este problema no es abandonar el balance como Martha Stewart y Don Draper, sino (al menos en parte) que tanto hombres como mujeres lo acepten plenamente. No estamos diciendo que sea fácil. Las normas culturales y las políticas laborales tienen inercia a resistir el cambio. Además, operan como ritmos en los que podemos entrar y movernos sin darles ningún pensamiento o esfuerzo extra.

ADÁN EVA DON

Pero el balance, como hemos visto, requiere un esfuerzo extra, comenzando con renegociar el acuerdo que parejas y empresas tienen establecido.

Otro escritor, que descarta el balance como algo que solamente los acróbatas pueden hacer, sin embargo, relata la historia del modo en que Melanie Healey, gerente de mercadotecnia para Procter & Gamble, renegoció un acuerdo mejor. Cuando regresó recientemente después de una baja por maternidad, su jefe ofreció a Healey una tarea especial. Era el clásico tipo Don Draper (personaje de la serie *Mad Men*), famoso por organizar reuniones antes de las 7:00 de la mañana e irse tarde de la oficina. Eso no funcionaría para Healey y su nuevo bebé.

Ella estuvo de acuerdo en aceptar la tarea mientras él estuviera de acuerdo en su nuevo horario. "Voy a llegar aquí a las 8:00 de la mañana, de modo que no podrá comenzar una reunión antes de las ocho", le dijo. "Voy a estar en casa a las 6:00 de la tarde, de modo que no puede comenzar una reunión después de las cinco que no termine poco antes de las seis para que así pueda llegar a casa a las seis". El jefe quedó sorprendido por sus demandas, pero no quería perder su ayuda. Estuvo de acuerdo con esos términos.[21]

Llegar a un nuevo balance es posible. El problema es que no lo alcanzamos porque no siempre creemos que puede lograrse, y por eso ni siquiera lo intentamos.

UNAS PALABRAS DE ADVERTENCIA

En primer lugar, cuando hablamos de ganar en el trabajo y tener éxito en la vida, eso no significa que todo es perfecto. No hay un combo ideal de empleo, familia, descanso y pasatiempos, y no estamos libres del hogar si lo encontramos. Eso es tener pensamientos mágicos.

Algunas veces nos sentimos desbalanceados incluso cuando nos va bien, porque el balance requiere tensión, la cual puede ser difícil de mantener. El error es cuando resolvemos la tensión empleándonos a fondo en el trabajo (la falacia de la ocupación) o rendimos menos en nuestro trabajo para enfocarnos en el hogar (el freno de la ambición). La tensión podría causar estrés, pero es parte del dinamismo que hace posible el balance en primer lugar. Cuando ajustamos nuestra perspectiva, podemos ver el balance tal como es: una manera desafiante, pero a la vez satisfactoria de enfocar nuestras vidas.

Ganar en el trabajo y tener éxito en la vida no significa que tienes la última palabra sobre todos los resultados que se producen en tu vida. Significa priorizar lo que deberías priorizar, influenciar lo que puedes influenciar, y controlar lo que puedes controlar. No siempre tienes el control sobre los resultados, porque involucra a otras personas; pero sí tienes control sobre aquello en lo que decides enfocarte y cómo hacerlo.

Es narcisista pensar que controlas todos los resultados en tu vida. Podrías hacerlo todo perfectamente en términos de tu salud y aun así tener cáncer. Podrías hacerlo todo bien como padre o madre, y terminar con un hijo adicto a las drogas, en la cárcel, o cometiendo suicidio. Podrías hacerlo todo bien en términos de tu matrimonio, y aun así terminar con un divorcio, con la muerte prematura del cónyuge, o cualquier otra cosa. Si éxito significa perfección, entonces ninguno de nosotros tenemos suerte.

Por fortuna, no significa eso. Cuando hablamos de la Doble Ganancia, nos referimos a tener libertad para dar prioridad a lo que más nos importa en todos los ámbitos importantes de nuestra vida. Nos referimos a vivir la vida todo lo posible según nuestros propios términos. Nos referimos a invertir en las personas y las prioridades que son más significativas para nosotros, a la vez que reconocemos que el retorno sobre esa inversión no siempre nos corresponde a nosotros exactamente.

En segundo lugar, necesitamos recordar las razones para el culto al trabajo de las que hablamos en el capítulo 2. Muchas veces estamos desbalanceados y no queremos cambiar porque ese desbalance nos da una sensación de importancia. Nos engañamos a nosotros mismos aferrándonos a la creencia de que "soy muy importante porque tengo muchas demandas. Se me exige estar desbalanceado".

Quizá tengamos que sumergirnos en un proyecto por varios días o semanas para entregarlo a tiempo. Podríamos tener que demorar el participar plenamente en otros ámbitos de la vida durante periodos de tiempo para atender a los que necesitan más atención en el momento. Si te diagnostican un cáncer, será mejor que atiendas a eso. Si tu hijo necesita atención extra, no cuestiones el intercambio; simplemente hazlo. Pero si el trabajo continúa dejándote desbalanceado, quizá no sea tan importante como crees. Podrías estar cayendo en una de las razones para el culto al trabajo.

Lo importante a destacar es que puedes intervenir. Tú puedes crear un resultado diferente si realmente quieres hacer el cambio. Si estás en una situación pesada que afecta al balance entre tu trabajo y tu vida, hasta el punto en que no estás dando atención a cosas a las que sabes que deberías prestar atención, como tu salud y tu familia, entonces establece la meta de abandonar ese empleo.

Puede que el cambio no sea hoy mismo, esta semana, o incluso este año, pero debes pensar en una estrategia de salida para que puedas tener una vida. Diseña tu vida del modo en que quieres que sea. Eso es siempre una posibilidad. Tienes opciones. La pregunta es: ¿tienes la imaginación y el deseo para cambiar?

PRÁCTICA DE LA DOBLE GANANCIA

PROGRAMAR LO QUE IMPORTA

Cuando conversamos con nuestros clientes sobre el balance entre trabajo y vida, a menudo oímos que sus calendarios están llenos de las prioridades de todos los demás excepto las de ellos. Es fácil permitir que eso suceda. La cultura de trabajo de estar siempre disponible puede robarnos nuestro margen. Cuando colegas y clientes esperan respuestas a los correos electrónicos y mensajes a cualquier hora, es difícil hacer espacio para socializar o incluso para dormir.

Algunas veces nos hacemos eso a nosotros mismos. Estamos deseosos de aceptar nuevas oportunidades. Quizá estamos en uno de esos periodos de "recoger la cosecha mientras brilla el sol" de nuestra carrera profesional, o simplemente queremos ser útiles para los demás. Tal vez haya una oportunidad en la iglesia para estar en un comité o ser voluntarios, o nos han pedido que sirvamos en un comité especial en la escuela. Antes de darnos cuenta, el calendario se llena de las ganancias de todos, excepto de las propias.

La solución es programar de manera proactiva nuestras propias prioridades. En el capítulo anterior hablamos sobre poner limitaciones a nuestro día laboral. Ahora es momento de mirar a la semana, y no solo la semana laboral. El balance requiere que tengamos claridad sobre el asunto en general.

La semana es como el vaso del que hablamos en la práctica de la Doble Ganancia del capítulo 4. Tiene límites fijos que definen y limitan el tiempo que tenemos. Cada semana tiene 168 horas. ¿Cómo las llenarás? A continuación tenemos algunas sugerencias sobre cómo responder esa pregunta por ti mismo e implementar tu respuesta.

Planear una semana ideal. Para planear una semana ideal, necesitas un esquema de siete días. Recomendamos organizar los días de lunes a domingo. Así es como nosotros lo tenemos en nuestro organizador. Pero de domingo a sábado o cualquier otra combinación puede funcionar igualmente bien. Ahora piensa en periodos de tiempo. ¿Qué va y en dónde?

Si recuerdas los elementos no negociables de los que hablamos en el capítulo 3, ya tienes los grupos clave: cuidado personal, prioridades relacionales, y resultados profesionales. También puedes mirar los diez ámbitos de la vida en el capítulo 3 para asegurarte de no dejar nada fuera. Como ya has puesto límites a tu día, sabes cuándo comienza y se detiene el trabajo. Si tu jornada laboral ocupa seis, siete, ocho horas por día, tienes bastante margen con el que jugar. La idea es programar el tipo de actividades fuera de las horas de trabajo que te proveerán el balance que quieres.

LA SEMANA IDEAL

	LUN	MAR	MIE	JUE	VIE	SAB	DOM
8:00	RUTINA MATUTINA						
9:00	INICIO DEL TRABAJO						
10:00	TRABAJO PROFUNDO						IGLESIA
11:00							
12:00	ALMUERZO					TAREAS DE LA CASA	
13:00	REUNIONES DE EQUIPO				REUNIONES EXTERNAS		FAMILIA
14:00							
15:00							
16:00							
17:00	FIN DEL TRABAJO						
18:00	EJERCICIO				NOCHE DE CITA	AMIGOS	
19:00	CENA						
20:00	TIEMPO LIBRE						
21:00							
22:00	IR A LA CAMA						

Por ejemplo, si quieres reservar una noche por semana para ver a los amigos, inclúyelo en tu semana ideal. Los horarios impredecibles son una razón clave por la cual socializamos menos en estos tiempos que en épocas anteriores.[22] Cuando nuestras noches están comprimidas debido a reuniones de último momento o salpicadas de tareas laborales al azar, es difícil hacer planes con antelación con amigos y otras personas. Pero si sabes que, digamos, las noches de los jueves están apartadas para salir a tomar algo o cenar, puedes programarlo sin preocuparte por tener que cancelar, o perdértelo porque no tenías confianza suficiente en tu calendario para planearlo en un principio.

Esto también funciona para el tiempo de irse a la cama, la hora de despertar, el ejercicio, el yoga, citas nocturnas, cenas familiares, asistencia a la iglesia, meditación, paseos y cualquier cosa. Aparta el tiempo y haz que suceda. La predictibilidad asegura mayores posibilidades de éxito.

Anticipar la semana siguiente. Es más probable que mantengamos nuestro balance si de modo proactivo dirigimos nuestra mirada a lo que va a llegar. Por eso también recomendamos anticipar la semana, preferiblemente con el cónyuge o compañero si lo tenemos. Toma tiempo antes de que comience la semana para mirar fechas límite, compromisos, eventos, y cosas parecidas. Reuniones con maestros, citas con el médico, cenas con clientes y el resto, no provienen de la nada. Pero algunas veces nos olvidamos de esas cosas, o una sola parte en la relación las conoce.

Esta es una oportunidad de aclarar las expectativas; quién hace qué y cuándo. El balance es mucho más fácil de manejar cuando descartamos las sorpresas. Tenemos una herramienta en nuestro organizador también para esto, pero puedes hacerlo con cualquier calendario o herramienta de planificación que te guste.

Programar los detalles cuando se pueda. La naturaleza detesta un vacío; y el trabajo también. Uno de los retos de los fines de semana y por qué podemos perder nuestro balance y trabajar excesivamente es que no sabemos qué otra cosa hacer con nosotros mismos. Junto con planear periodos de tiempo generales dentro de tu semana ideal, también querrás planear días individuales, especialmente en fines de semana (puedes hacer eso con nuestro organizador también, pero, de nuevo, no es un requisito).

Para muchos de nosotros es casi una segunda naturaleza emplear el sábado para ponernos al día, o el domingo como un día para arrancar. Y eso es más cierto aún si no tenemos otra cosa programada. Las razones para el culto al trabajo de las que hablamos en el capítulo 2 siguen siendo ciertas los fines de semana, y la atracción de los reportes no leídos, los correos electrónicos y mensajes no respondidos, o el reporte no escrito, pueden apartarnos del tiempo de descanso y recuperación con amigos, familia, o nosotros mismos.

Tienes que darte un respiro a ti mismo. A algunas personas les va bien dejar abierto el día y permitir que recorra su curso; pero otras se benefician de programar las actividades específicas. Arreglar el auto con un amigo, comenzar un proyecto de mejora del hogar, ir a hacerte la manicura, o hacer senderismo con la familia. Si te ayuda a realizarlo, prográmalo como lo harías con una reunión con tu cliente más importante.

6

UNA PAUSA BENEFICIOSA

PRINCIPIO 4

Hay un poder increíble en la falta de logro

Tú no eres una lista de quehaceres.

ROBERT POYNTON[1]

En 1990, J.K. Rowling se subió a un tren lleno de gente para viajar desde Mánchester hasta King´s Cross en Londres. En algún lugar a mitad del camino, el tren se detuvo. Los demás pasajeros y ella esperaron; y esperaron. Pasaron cuatro horas antes de que el tren continuara su viaje. ¿Le habrías culpado a ella si se enfurecía por la demora? Cuatro horas sentada en un lugar indeterminado sin lograr nada, por no hablar de un tren inundado de tristeza, serían suficientes para poner al límite incluso a un viajero experimentado.

No sucedió eso con Rowling. Su periodo de inactividad hizo surgir un nuevo personaje llamado Harry Potter que, según su página web, simplemente "cayó en su cabeza" mientras estaba atascada en el tren. "Había estado escribiendo casi continuamente desde los seis años de edad, pero nunca antes había estado tan emocionada con una idea", reflexionaba Rowling. "No llevaba conmigo una pluma, pero realmente creo que eso fue probablemente algo bueno. Simplemente me quedé sentada allí y pensé por cuatro horas (de demora del tren), mientras surgían en mi cerebro todos los detalles, y este muchacho flaco, de cabello negro y con lentes, que no sabía que era mago, se fue haciendo cada vez más real para mí".[2]

Pausemos por un momento. ¡Ella no tenía una pluma! Las ideas pueden desaparecer tan rápidamente como aparecen. Debió haber sido enloquecedor tener una inspiración tan increíble sin modo alguno de poder anotarla. Y no hablemos del reto de aislarse en un tren detenido y lleno de distracciones: pasajeros que murmuran por la demora, el ruido de las hojas de los periódicos, padres que atiende a niños aburridos y quejosos, y todo lo demás.

De algún modo ella pudo retener la inspiración y creó una sinopsis y un capítulo de muestra cuando llegó a su casa. Una docena de editores rechazaron la historia, pero Rowling finalmente encontró una editorial que entendió lo que ella intentaba hacer. Firmó un contrato con un anticipo de cinco mil dólares que la editorial recuperó desde entonces.

Esa ventana inesperada de cuatro horas de inactividad, o podemos llamarla de "falta de logro" fue el boleto de oro de Rowling. La primera edición de *Harry Potter y la piedra filosofal* fue de solamente 500 ejemplares de tapa dura. Actualmente, la serie de Harry Potter ha vendido más de 500 millones de ejemplares. Ha sido traducida a 80 idiomas, se han hecho ocho películas, además de *spin offs*, y ha producido más de siete mil millones de dólares en productos autorizados. Según el *Financial Times*, la marca de Rowling ha sido valorada en más de 25 mil millones de dólares.[3]

Yo (Michael) he estado involucrado en la publicación de miles de libros durante mi periodo como vendedor de libros, editor y CEO. He tenido mi parte de éxitos de ventas del *New York Times* y de éxitos arrolladores; pero nunca he tenido un título o una serie de títulos que despeguen como si tuvieran a sus espaldas uno de los cohetes de Elon Musk. El logro de Rowling vive en un aire enrarecido.

Pero lo importante a reconocer en la historia de Rowling es la relación directa que existe entre sus resultados y estar atascada sin nada que hacer en un tren que no se movía a ninguna parte. Es emocionante contemplar su logro y toda la actividad que conllevó; pero en el hacer hay algo más que acción.

Sin pausa, no hay beneficio. Si quieres ganar la carrera, tienes que poner el auto en neutro de vez en cuando. Pero no aceptamos eso fácilmente, ¿cierto?

LA NECESIDAD DE LOGRAR

Tras semanas de preparación y meses de ocupación, ¿qué pide el jefe? "¿Logramos la meta?". Responde afirmativamente, y el individuo, el equipo o la división disfruta de los elogios que conlleva el éxito. Mayores presupuestos y un equipo más grande tienden a seguir al triunfo, ya que las empresas inteligentes ponen gasolina en las unidades de negocio que producen resultados. Sin embargo, responde negativamente y podrías estar mirando ceños fruncidos, recibiendo ataques, o algo peor. Si no cumples lo suficiente y con resultados suficientes, estarás mirando recortes de presupuesto, reorganizaciones, rechazos y despidos.

Los pilares del negocio (visión, estrategias, pronósticos, hojas de cálculo, líneas de tiempo, métricas, resultados, y otras cosas) tienen como objetivo el logro. Estamos programados mentalmente para buscar el retorno sobre la inversión, y lo obtenemos solamente cuando logramos lo que nos propusimos alcanzar. Y hay una buena razón para eso. Sin el logro, el negocio se estanca y las empresas fracasan. El liderazgo sabe que el logro es esencial para la supervivencia, razón por la cual se pagan extras cuando alcanzamos logros, no cuando lo intentamos.

Yo (Michael) tengo un impulso casi insaciable por alcanzar logros. Soy el tipo de hombre que comprueba constantemente las métricas para asegurarme de estar superando las cifras del mes anterior, sin importar cuáles sean. Me encanta tener éxito. Esto puede volverse patológico; ya mencioné que al principio de mi carrera profesional solía abrir la puerta de mi oficina a las 5:00 de la mañana, y volvía a cerrarla a las 6:00 de la tarde. Estaba desesperado por alcanzar logros.

Si no tenemos cuidado, nuestra identidad y nuestra autoestima pueden estar tan inmersas en nuestro papel y en los elogios del logro, que nuestra vida carezca de significado sin él. Este es el lado oscuro de que el trabajo sea un medio principal de realización propia (ver el capítulo 2). Cuando logramos algo, nos sentimos útiles, realizados, animados y positivos. Por el contrario, cuando no alcanzamos un logro, sentimos que hemos fracasado.

Tenemos la sensación mordaz de que los triunfadores en el equipo nos eclipsarán, robarán el foco de luz y obtendrán el ascenso, quizá incluso nuestro empleo. Al ensalzar el valor del culto al trabajo, Elon Musk dijo algo, ¿recuerdas? Cuando empleas el doble de horas, dijo él, lograrás hacer el doble. Desde luego, eso no es cierto. Hay menos beneficios, y la productividad retrocede después de unas cincuenta horas de trabajo. Pero él estaba jugando con nuestros temores, y nuestras emociones. ¡El trabajo es una competición! ¡No querrás perder! ¡Podrías estar ganando! ¡Trabaja más y gana!

Pero ese enfoque miope del logro significa que nos perdemos los beneficios de la falta de logro. El culto al trabajo dice que una persona debería estar siempre ocupada, logrando algo. Endosamos esta perspectiva intentando activamente llenar las horas con trabajo o inquietándonos y quejándonos cuando no lo logramos. Pero, al igual que con sus otros dogmas, el culto al trabajo está tan equivocado como pueda estar.

LA NECESIDAD DE ESPACIO EN BLANCO

Tenemos un amigo que dirige una imprenta con equipos de tamaño industrial. Sus máquinas están a la vanguardia, pero como él destaca, no pueden funcionar al cien por ciento todo el tiempo, y la capacidad plena para una imprenta se ve como estar operativa el 85 por ciento del tiempo, con un 15 por ciento de tiempo de descanso necesario para el mantenimiento.

Lo mismo sucede con las personas, solo que más aún. Los niños tienen recesos en la escuela, y los adultos igualmente necesitan tiempos de descanso para mantenerse productivos. Necesitamos un ritmo de trabajo y descanso para estar al máximo en el trabajo y en el hogar. Nuestro cerebro y nuestro cuerpo no están diseñados para el trabajo constante. Necesitamos periodos de inactividad.

> Necesitamos un ritmo de trabajo y descanso para estar al máximo en el trabajo y en el hogar.

Como vimos en el capítulo 2, el logro se trata del propósito final de la actividad, la meta alcanzada, el proyecto terminado, la tarea realizada. Pero las actividades que no implican logro se centran en sí mismas. Bebemos vino para disfrutarlo. Nos reímos una tarde con amigos para disfrutar de su compañía. Tocamos un instrumento para disfrutar de hacer música.

Hacemos estas cosas para *hacerlas*: para experimentarlas en el momento. Esa actividad en tiempo presente involucra otras partes de nuestro ser. Permite que la parte que está siempre alerta descanse, y pide a otras partes (normalmente más renuentes) que intervengan. Y nos sentimos mejor cuando lo hacemos.

Muchas de las actividades más enriquecedoras y restauradoras en nuestras vidas no involucran un retorno de la inversión: pasatiempos, arte, amistades, música, cócteles, manualidades, juegos, clubes de lectura, caminar por la playa, o simplemente pasear sin prisa por treinta minutos. Actividades como estas son restauradoras, renovadoras, y recargan; y lo son precisamente porque no están dirigidas hacia el logro.

Algunos de nosotros nos sentimos incómodos al desconectarnos del trabajo. Debido a nuestra cultura siempre ocupada, podríamos sentirnos culpables al permitir que un correo electrónico o un mensaje que llegó a las ocho de la tarde no sea respondido hasta la mañana siguiente.[4] Un CEO habló a la revista Inc. sobre su día laboral típico, que está lleno de planificación y de reuniones. Cuando finalmente llega a su casa después de más de doce horas desde que salió en la mañana, pasa tiempo con sus hijos, cena con la familia, después ve televisión y se pone al día con su esposa. Pero admite: "Estoy atento a mi teléfono para cosas del trabajo, y sé que eso es malo".[5]

Este CEO no está solo. Recordemos del capítulo 2 que los profesionales tienden no solo a trabajar excesivamente y por muchas horas, sino también a supervisar su trabajo incluso cuando técnicamente han terminado el día y la semana. Por mucho que lo intentemos, pulsar el botón de pausa es difícil.

A menudo utilizamos palabras como *espacio en blanco* y *margen* para hablar sobre tiempo libre. Los términos vienen del mundo de la imprenta y la publicación. Yo (Michael) pasé prácticamente toda mi carrera en el negocio de la publicación; pero no se necesitan décadas de experiencia para captar el punto clave. Cualquier lector casual lo conoce igual de bien. Una página que esté tan llena de palabras que no haya espacio en blanco, ni margen, es ilegible. Lo mismo es cierto en la vida. Cuando la llenamos de tareas, actividades y ocupación, hacemos que sea menos "vivible".

En el capítulo 3 hablamos sobre asuntos no negociables. El espacio en blanco es donde normalmente encajan mejor dos de ellos: cuidado personal y relaciones. Y sí que tenemos cierto margen natural incorporado en la semana, particularmente en las noches y los fines de semana. Pero el culto al trabajo ha erosionado esas horas.

Al igual que el CEO mencionado, revisamos el correo electrónico y los mensajes del teléfono fuera del horario laboral, cuando podríamos estar charlando con nuestra familia o amigos, dando un paseo, relajándonos con un libro, poniéndonos al día con una serie o cualquier otra cosa. Cuatro de cada diez empleados estadounidenses chequean sus correos electrónicos después de las 11:00 de la noche, según una encuesta de *GFI Software*. Y aunque los fines de semana permiten más tiempo para el descanso, el ocio, y cosas similares, GFI descubrió que el 74 por ciento de los trabajadores monitorea su bandeja de entrada durante el fin de semana.[6] Es tiempo libre, pero seguimos estando atentos. Nuestra cara está en nuestro teléfono, y el trabajo está en nuestra mente.

EL CEREBRO NUNCA DESCONECTA; ESTÁ ENCENDIDO DE MODO DIFERENTE

Nuestro cerebro siempre está trabajando. La pregunta es: ¿en qué está trabajando? Los periodos de inactividad o de actividades que no buscan el logro permiten que operen otras partes de nuestro cerebro, y esto produce dividendos tremendos. De hecho, el psicólogo y profesor asociado de la *Kellogg School of Management*, Adam Waytz, llama al ocio nuestra aplicación estrella.

Hablando de las alteraciones presentes y futuras causadas por la inteligencia artificial en el mercado laboral, Waytz pregunta qué pueden hacer los humanos que las computadoras no pueden hacer. Por una parte —dice él— mientras que nuestra mente divaga, los procesadores de las computadoras no lo hacen. Si estamos pensando sobre centrarnos en el trabajo que tenemos delante, eso podría ser bueno.

Una mente que divaga podría olvidarse de responder a ese importante mensaje en *Slack* (plataforma de comunicación y colaboración para equipos de trabajo), podría batallar para terminar el reporte financiero mensual, podría perderse un punto clave en una reunión. Pero una mente que divaga también tiene beneficios. Y el tiempo de relajarnos nos ayuda a acceder a ellos.

El tiempo más valioso que tienen quienes hacen trabajo mental es el tiempo para pensar.

Existen fuertes conexiones entre la mente que divaga y el pensamiento creativo, la resolución lateral de problemas, y generar ideas únicas. "Al alentar a nuestra mente a divagar, las actividades de ocio nos sacan de nuestra realidad presente, lo cual, a su vez, puede mejorar nuestra habilidad de generar ideas o maneras de pensar nuevas", dice él. "Cuando dejamos que nuestra mente se aleje del trabajo, regresamos a nuestras tareas con capacidad de abordarlas de maneras creativas más inventivas".[7]

Nuestro cerebro nunca se desconecta; está encendido de modo diferente. Eso significa que seguimos trabajando en un segundo plano, improvisando. Algunos escritores utilizan el truco de terminar sus escritos en el día con una frase incompleta porque el cerebro sigue trabajando en ello; cuando comienzan de nuevo al día siguiente, su mente ya está ocupada en el trabajo. El periodo de descanso permite la renovación sin restar nada al trabajo; más bien, contribuye a realizarlo.

"Ni el estrés constante ni la monotonía es un contexto muy bueno para la creatividad", dice Mihaly Csikszentmihalyi, el psicólogo que popularizó el concepto del fluir que presentamos en el capítulo 2. "Se deberían alternar periodos de estés con periodos de relajación". La relajación podría ser tiempo simplemente para sentarnos y reflexionar, lo cual sugiere Csikszentmihalyi. Pero él dice también que nuestra mente divaga hacia direcciones creativas cuando caminamos, nadamos, trabajamos en el jardín, nos bañamos, y hacemos manualidades. A esa lista podemos añadir cocinar, pescar, jugar al golf, y otras actividades similares. Csikszentmihalyi dice que también pueden funcionar actividades como escalar rocas, esquiar o hacer submarinismo. El truco está en hacer algo que nos aparte de nuestro contexto laboral y nos sumerja en algo totalmente diferente.[8]

El problema del culto al trabajo es que marginamos o pasamos por alto totalmente estos periodos de pausa beneficiosa, cuando podemos dar uso a otras partes de nuestra mente y nuestro cuerpo y, así, beneficiarnos de usar nuestra persona completa, en lugar del aspecto que está más enfocado en el trabajo.

La historia, casos de estudio de negocios, y perfiles en revistas están repletos de historias de innovaciones, soluciones, productos, e incluso empresas completas, que nacieron de periodos con actividades que no perseguían un logro. Y un número sorprendente de nuestros clientes de Michael Hyatt & Co. experimentaron igualmente innovaciones importantes, soluciones a problemas complejos, o cambios completos de carrera que condujeron a una vida más feliz y más sana cuando sus ideas tuvieron una oportunidad de activarse durante un periodo de actividades diferentes al trabajo y que no implicaban un logro.

TIEMPO DE PAUSA

Nuestra clienta Amy tuvo su momento de revelación como resultado de un descanso autoimpuesto de dos semanas de actividades más descansadas, que no requerían un logro, algo que hizo por desesperación.

En ese momento, Amy era una triunfadora de mucho impulso, que trabajaba a jornada completa para un centro de consejería sin fines de lucro, a la vez que estudiaba en una escuela de posgrado y formaba una familia. Su norma era estudiar hasta avanzada la noche, dormir poco, preparar a los niños para la escuela en la mañana, dirigirse a su trabajo, y después llegar a tropezones a la casa a tiempo para preparar la cena.

Después de tres años de manejar su horario imposible y sin margen, Amy reconoció que su rutina estaba a punto de "matar a mi familia... eso era *malo*". Peor aún, estaba convencida de que no estaba haciendo lo que realmente quería hacer con su vida, y estaba lista para tirar la toalla. Incluso pensaba que se dirigía hacia un colapso mental. Amy le dijo a su esposo: "Tal vez necesito ser hospitalizada, creo que estoy muy deprimida".

Fue entonces cuando tomó unas vacaciones de dos semanas. Nunca antes había hecho eso. Como demasiadas personas triunfadoras, estaba convencida de que pasar fuera un tiempo extenso era un sueño imposible. Sabemos exactamente cómo se sentía. Durante la mayor parte de nuestras carreras nos sentimos culpables si no estábamos trabajando en las vacaciones. Sentíamos que estábamos siendo perezosos y, de ese modo, estábamos defraudando a nuestra empresa.

Durante sus vacaciones, Amy no bebió limonada bajo unas palmeras con vistas al océano. No planeó una aventura grandiosa a las Bahamas o algún otro rincón exótico del mundo. En cambio, Amy sabía instintivamente que le faltaba claridad, y decidió no hacer nada excepto sentarse ociosamente en su patio trasero durante unas vacaciones de dos semanas en su casa. Se forzó a sí misma a salir de la rutina para ponerse en contacto con lo que le estaba impulsando a un nivel más profundo.

"Me senté en el patio trasero y lloré por tres días", dijo ella. "Enviaba a mis hijos a la escuela en la mañana, y entonces literalmente me quedaba sentada todo el día en el patio sin hacer nada. Quizá me movía para almorzar, pero eso era todo. Todavía estaba allí cuando los niños regresaban a la casa".

Ella admitió que se sintió perdida la primera semana. Decidió que escribir en un diario podría ayudar. "Al principio escribía ideas al azar", dijo, "una palabra aquí, una frase allá". Le tomó un tiempo encontrar su camino en medio de la multitud de emociones contrapuestas y pensamientos difíciles; pero a medida que releía las ideas al azar que escribía en su diario, comenzó a detectar patrones. Fue entonces cuando llegó el momento de revelación.

"Recordé que he sido dueña de mi propio negocio antes", dijo ella. "De repente, la verdad comenzó a surgir de mí. Descubrí que no era la profesión de la consejería lo que quería dejar; lo que quería abandonar era la parte de trabajar para otra persona. Seguía estando muy interesada en ayudar a la gente".

Y no se quedó inmóvil ante la revelación. "Busqué un espacio para rentar y dar consejería; solo para mí. Encontré un lugar e hice una llamada telefónica. El dueño dijo que estaba allí en ese momento y que fuera si quería echar un vistazo. Le quedaba solamente un espacio. Cuando llegué allí, literalmente llené un cheque para él en el estacionamiento. ¡Ni siquiera se lo había dicho a mi esposo todavía! Esa decisión surgió de estar sentada en mi patio trasero el tiempo suficiente para descubrir lo que era más importante para mí".

Dos fuerzas trabajaban en contra de Amy, y las dos resultaron de su torbellino de logro. En primer lugar, había perdido de vista sus elementos no negociables (capítulo 3). En lugar de mantenerse enfocada en los resultados profesionales que estaba mejor formada para producir, había aceptado tareas para las cuales carecía de pasión y destreza (para saber más sobre la intersección vital de estos dos aspectos, ver el libro de Michael, *Libre para enfocarte*).

En segundo lugar, en la confusión constante, Amy era incapaz de encontrar tiempo para la autorreflexión. "El espacio y la tranquilidad que proporciona esa inactividad es una condición necesaria para alejarte un poco de la vida y verla en su conjunto", dice el caricaturista Tim Kreider, "para establecer conexiones inesperadas y esperar los relámpagos de inspiración del verano; es, paradójicamente, necesario para lograr hacer cualquier trabajo".[9]

Ciertamente, cuando Amy se propuso sacar tiempo para estar inactiva, llegó el relámpago, y el impacto fue un cambio de carrera profesional y de vida. "La decisión de trabajar por mi cuenta fue muy importante", dice Amy. "Pensé que estaría yo sola practicando terapia conmigo misma; pero rápidamente tenía más clientes de los que podía manejar. Pasé de ser yo sola a tener un equipo de dieciséis consejeros en solo dos años, y mi negocio generaba números de siete cifras. También tengo un componente en el Internet con un apoyo adicional de un equipo de cinco personas; y nos estamos preparando para contratar a otras dos más este mes. Si no me hubiera sentado en mi patio trasero sin hacer nada por dos semanas, probablemente seguiría trabajando infelizmente para otra persona".

Actualmente, Amy está viviendo la Doble Ganancia porque se concedió "tiempo de descanso" por un periodo suficiente para conseguir reconectar con su verdadera pasión.

ARRAIGADA EN NEWARK

Por veinte años, Tamara, una triunfadora ambiciosa, fue ingeniero de procesos en Verizon. Tamara implementaba proyectos a gran escala diseñados para mejorar procesos, eliminar despilfarros, y aumentar la rentabilidad. "Yo entraba en una división fallida de la organización y la evaluaba para decidir cómo podíamos mejorar los procesos y convertirla en una división más rentable", nos dijo Tamara. La mayoría de sus proyectos ahorraban a la empresa varios millones de dólares.

Por años, se le requería viajar el 75 por ciento del tiempo. En cierto momento, Tamara estaba tan ocupada viviendo de maleta en maleta, viajando entre ciudades, haciendo presentaciones, y alcanzando la meta siguiente, que nunca tenía un momento de inactividad para dedicarlo a sí misma. Incluso si se las arreglaba para encontrar cierto margen en su calendario, confesaba: "podría estar haciendo otras cinco cosas con mi tiempo". Fue entonces cuando Tamara se encontró retenida en Newark, el aeropuerto de Nueva Jersey, que es notorio por las demoras en sus vuelos. Y esta demora fue delirante: seis horas. Pero, igual que para J.K. Rowling, abrió una importante ventana de insatisfacción

"En esa sección del aeropuerto en particular donde estaba situada mi puerta de embarque, no había ningún enchufe para recargar el teléfono o la computadora, ni tampoco televisores", recordaba Tamara. "De modo que estuve prácticamente sentada allí sin hacer nada por seis horas, pensando, observando a la gente, o quizá leyendo".

El tiempo más valioso que tienen quienes hacen trabajo mental es el tiempo para pensar. El equipo de Tamara intentaba entonces rediseñar el sistema de facturación, pero el problema era que ninguna de las propuestas ya sugeridas funcionaría. "Ya hemos hecho eso antes", decía alguien antes de descartar la idea. "Ninguna de las soluciones en las que pensábamos representaba ideas nuevas o innovadoras", dijo ella. "Pero estar en ese espacio sentada y tranquila durante esa cantidad de tiempo, sin tener realmente nada que hacer, permitió que surgiera una idea".

Tamara pensó en un modo de reestructurar el sistema de facturación. Contrario a sugerencias anteriores, era un enfoque que todavía no habían probado. "Ni siquiera lo había considerado antes", dijo ella. Pero gracias al tiempo libre, llegó a una solución. "Este proyecto terminó convirtiéndose en un ahorro de diez millones de dólares para el negocio", dijo ella. Diez millones de dólares es un salario bastante notable por seis horas sin hacer nada.

Hasta aquí hemos visto cómo los periodos donde hacemos un alto, sin actividades que buscan un logro específico, impulsan resultados; pero estos ejemplos han sido producidos por desesperación o por necesidad. El paso siguiente es darte cuenta de que puedes sacar tiempo del trabajo intencionalmente para darle vueltas a problemas, pensar, imaginar y soñar. Lo cual nos lleva a nuestro siguiente cliente: Roy.

PAUSA CON BENEFICIO

Roy, a quien presentamos en el capítulo 4, es un gerente contador nacional muy exitoso dentro del sector de las mejoras del hogar. La empresa matriz tiene seis mil empleados y cuatro mil millones de dólares de beneficio anual. Y, al igual que su papá antes que él, había invertido varias décadas de su vida en la empresa, y conocía su negocio por dentro y por fuera. Hace varios años atrás, Roy se la pasaba viajando el 80 por ciento del tiempo. Aunque la mayor

PUEDES SACAR

TIEMPO DEL TRABAJO

INTENCIONALMENTE

PARA DARLE VUELTAS

A PROBLEMAS, PENSAR,

IMAGINAR Y SOÑAR.

parte de su trabajo estaba localizado en el centro de Tennessee, también tenía negocios en Knoxville, Chattanooga y Huntsville.

Aunque él había aumentado su unidad de negocio desde los 24 millones hasta los 40 millones de dólares en tres años, nunca había un momento en el que no se sintiera completamente estresado. "Yo era simplemente un desastre", nos dijo. "No estaba presente para mi familia. No estaba presente para el trabajo. No podía lograr hacerlo todo. Entonces, sí, no estaba teniendo éxito en la vida y ganando en el trabajo". Tengamos en cuenta que Roy tuvo doce hijos "a propósito": siete hijos biológicos, y otros cinco a los que su esposa y él se sintieron llamados a adoptar, todos al mismo tiempo, para sacarlos de una mala situación en Liberia.

Roy llegó al punto en el que reconoció que no podía seguir tomando las decisiones que necesitaba para que todo siguiera su ritmo adecuadamente. "Necesitaba una plataforma para formar a otras personas y una plataforma donde mi equipo creciente pudiera volcar todo en un solo lugar acerca de todos los proyectos que estábamos manejando".

El problema era que esa plataforma no existía. Mientras Roy intentaba solucionar el problema, surgió lo que Steven Johnson llamaría una "lenta corazonada".[10] Por lo tanto Roy, trabajando con su hijo como desarrollador principal, decidió apartar cierto espacio mental de sus obligaciones regulares para innovar una solución creativa de software. Esta herramienta lo ayudó a aumentar el negocio hasta casi los 53 millones de dólares en ventas. Su empresa matriz tomó nota. Roy iba a vender el software en una oferta pública; pero la empresa se ofreció a comprarlo, y Roy ha seguido ganando dinero al sistema mediante las integraciones. "Esa idea del programa de software surgió del espacio que yo creé para el trabajo no enfocado", dijo él.

HACER OFICIAL EL ESPACIO EN BLANCO

El espacio en blanco puede implementarse a nivel corporativo, aunque se hace en contadas ocasiones. Una excepción notable fue el modo en que el equipo de liderazgo de Google creó más margen para que los ingenieros pudieran soñar e innovar sin tener sobre sus cabezas la guillotina del logro.

Un día por semana, el 20 por ciento de su tiempo los ingenieros están excusados de desempeñar su carga laboral usual para explorar cualquier otro proyecto adicional que quieran. No hay agenda. No hay expectativas. No hay metas que lograr. Tan solo un arenero grande y hermoso de oportunidad donde jugar. ¿Suena a locura? ¿Poco convencional? ¿Arriesgado? Sin duda. ¿Funciona? Sí. Excepcionalmente bien.

Según un reporte, "en un año típico, más de la mitad de las nuevas ofertas de Google nacen durante este periodo de pura autonomía".[11] Tal vez quieras tomar un momento para asimilarlo. Por ejemplo, durante su 20 por ciento de tiempo libre, el científico de Google Krishna Bharat creó Google News, que actualmente atrae a millones de visitantes diariamente. Otras innovaciones nacidas de ese 20 por ciento de tiempo libre incluyen Gmail, Google Talk, Google Translate, y Google Sky.

Ni siquiera intentaremos calcular el valor en dólares que tienen esas aplicaciones de Google. Alec Proudfoot, que es ingeniero de Google, observó: "Prácticamente todas las buenas ideas aquí en Google han surgido de ese 20 por ciento de tiempo".[12]

Naturalmente, Google todavía posee la propiedad intelectual de todo lo que surge durante esta pausa semanal de su carga de trabajo habitual. Está claro que hay algo extraordinario que sucede cuando nos alejamos de la ocupación usual para entrar en la zona de falta de logro con libertad para crear. ¿Necesitas más pruebas? Twitter, Slack y Groupon comenzaron todos ellos como proyectos secundarios.[13]

La ausencia de una tarea que persigue un logro no necesariamente significa que no estés haciendo nada en absoluto. En todos los casos que hemos visto, las ideas innovadoras fueron un subproducto de estar en un contexto en el que el logro no era la fuerza impulsora, donde la mente tenía rienda suelta para divagar, imaginar, innovar y soñar. A eso nos referimos cuando decimos que hay poder en la falta de logro.

PRÁCTICA DE LA DOBLE GANANCIA

MANTENER UNA AFICIÓN QUE NOS DELEITE

Cuando nuestro amigo mutuo Doug atravesó una crisis de salud, su médico le dijo: "Necesitas tomar algún tiempo libre. El estrés del trabajo constante está afectando negativamente tu salud. No vas a ponerte bien hasta que lo hagas". Doug protestó: "Pero amo mi trabajo; no lo siento estresante".

Su médico le explicó lo que hemos estado explorando en este libro: nuestro cerebro y nuestro cuerpo no están diseñados para el trabajo constante. Necesitamos descansos. Necesitamos cultivar un ritmo intencional de trabajo y descanso. Entonces le preguntó: "¿Tienes alguna afición?". Doug admitió que no tenía.

Esta es una razón importante por la cual los triunfadores batallan con el culto al trabajo y con pulsar el botón de pausa. Simplemente no saben qué hacer con ellos mismos si no están trabajando. "Mi trabajo es mi pasatiempo", escuchamos decir a dueños de negocios a los que damos *coaching*. No es extraño poder encontrarlos durante tiempos de descanso programados al lado de su computadora o su teléfono en lugar de estar en el jardín, al lado de un arroyo o en la cocina; o en el campo de golf, el sendero o el campo. El trabajo es más fácil y, según el capítulo 2, más agradable y atractivo que participar en aficiones.

Por lo tanto, tenemos dos modos de ocio:

1. Tomamos tiempo libre; nos sentimos extraños, incómodos y distraídos; y entonces nos conformamos con algo más cómodo: correos electrónicos, una hoja de cálculo, o lo que sea.

2. Agotados por nuestras largas jornadas, nos cuesta involucrarnos en pasatiempos más significativos y optamos por deslizar sin fin en el *feed* de Instagram o quedarnos inmóviles mientras Netflix reproduce episodio tras episodio hasta dejarnos en el olvido.

Estos ejemplos son extremos, pero todos hemos experimentado versiones de ambos. Es posible cultivar una sensación de aprecio por aquellas actividades simples, que no buscan un logro; para algunos, eso podría ser lo bastante poderoso simplemente para desconectar del trabajo, pero otros podrían necesitar una medicina más fuerte. Tomando lo que conocemos del trabajo de Mihaly Csikszentmihalyi sobre el fluir, la clave es cultivar pasatiempos y actividades de ocio que nos deleiten.

Los pasatiempos que nos desafían, nos atraen y nos interesan producen disfrute, al igual que estimulación intelectual, lo cual nos da algo en lo que invertir nuestro tiempo y nuestra vida además de nuestro trabajo. Quienes han desarrollado un amor por la cocina o la jardinería, han descubierto una experiencia táctil y rica en sensaciones que es muy diferente de su trabajo de oficina diario. Y quienes han convertido en pasatiempo el aprender otro idioma, obtienen un aprecio por una cultura distinta a la propia.

A nosotros dos nos gusta la pesca, especialmente la pesca con mosca. Es algo generacional en el clan Hyatt. Nuestra afición por la pesca ha producido años de recuerdos maravillosos en nuestra familia. El reto de colocar una mosca justo en el lugar adecuado es profundamente atractivo; y cada vez que lanzamos un cebo, estamos llenos de paz, nos sentimos renovados, y experimentamos claridad. Es una rutina que nos centra, y los dos somos mejores líderes debido a ello.

Muchas investigaciones confirman el punto. Los pasatiempos no solo ayudan a renovar la mente; un estudio halló otro beneficio: "Pasar más tiempo en una afición puede impulsar la confianza de las personas en su habilidad para desempeñar bien su trabajo", mientras esa afición no sea similar a tu profesión.[14]

Investigadores de la Universidad Estatal de San Francisco estudiaron el impacto que se produce sobre el desempeño en el trabajo cuando se participa en aficiones y actividades creativas como cocina, fotografía, pintura y tejer. El profesor asistente de psicología Kevin Eschleman reporta: "Hallamos que, en general, mientras más se participa en actividades creativas, mejor se desempeña [en el trabajo]", y el estudio destaca: "quienes participaban en una afición creativa desempeñaban entre un 15 y un 30 por ciento mejor en el trabajo".[15]

Las aficiones no son solamente una manera estupenda de mejorar tu desempeño laboral. La investigación ha descubierto que ciertas aficiones alimentan el cerebro. A continuación, tenemos cinco aficiones y sus beneficios sobre el cerebro:

- El ejercicio mejora la memoria a largo plazo, y disminuye el riesgo de demencia.[16]
- La lectura aumenta la conectividad cerebral de la corteza temporal izquierda.[17]

- Aprender un idioma nuevo ralentiza el envejecimiento cerebral, y mejora la cognición más adelante en la vida.[18]
- Jugar videojuegos mejora la navegación espacial, la planificación estratégica y el desempeño motor.[19]
- Tocar un instrumento musical mejora las habilidades cognitivas, la fluidez verbal y el logro académico.[20]

No sorprende que algunas de las mentes científicas más importantes de la historia entendían los beneficios restauradores que tiene practicar una afición. Albert Einstein tocaba el violín, un instrumento que aprendió por sí solo; algunas veces tocaba con Max Planck, quien, cuando no estaba ocupado desarrollando la teoría cuántica, disfrutaba de tocar el piano.[21] El periodista y crítico H. L. Mencken también disfrutaba del piano, y tocaba regularmente con un grupo de amigos llamado el Saturday Night Club. Incluso escribió una ópera cómica.[22]

A mí (Michael) me encantaba tocar música cuando era adolescente. Tocaba la guitarra en una banda de rock durante mis años de secundaria y en la universidad. Incluso tenía una actuación en solitario regularmente en un bar a las afueras de Waco, Texas. Sesenta dólares por noche además de todas las cervezas que pudiera beber.

Al final de mi segundo año, una banda de Austin me invitó a tocar el bajo con ellos. Aquello parecía una gran oportunidad. Me pidieron que dejara la universidad y me mudara a una granja en Denton, Texas, donde ensayaríamos hasta que pudiéramos salir a la carretera y forjar nuestra fortuna.

En cierto modo, a mi papá le pareció bien. "Esta es la mejor época de tu vida para hacer ese tipo de cosas ", me dijo. "Si no sale bien, siempre puedes regresar a los estudios. Pero si sale bien, ¡estupendo! Es el trabajo soñado que siempre has querido". Yo apenas si podía creer lo que oía, pero hice mis maletas, me puse mis botas de vaquero, y salí por la puerta. El problema era que mis compañeros de banda querían fumar hierba más que practicar. Me quedé por seis semanas antes de abandonar. Mi papá me envió el dinero para el autobús, y regresé otra vez a la civilización.

Ya que era demasiado tarde para regresar a la universidad ese semestre, acepté un empleo vendiendo enciclopedias puerta por puerta. Papá siempre decía que las ventas era el área donde se ganaba más dinero. Yo nunca logré triunfar en el negocio de la música, pero sí utilicé mis habilidades como vendedor para elevarme hacia lo más alto en el negocio editorial. Al hacerlo, sin embargo, hice un mal intercambio para mí mismo.

Ignoré el lado musical de mi vida por años mientras ascendía por la escalera empresarial. No dejé margen para la música ni siquiera como pasatiempo. Dos cosas cambiaron eso. En primer lugar, cuando descubrí el poder de la Doble Ganancia, puse limitaciones fijas en mi horario, y eso me proveyó tiempo para hacer otras cosas. En segundo lugar, sabiendo cuánto me gustaba la música. Gail me regaló dos flautas nativas americanas. En la actualidad tengo unas diez flautas, todas ellas en escalas diferentes. Cada una está fabricada con una variedad distinta de madera. Y he estado tomando lecciones por varios años ya. Intento practicar mi afición por veinte o treinta minutos cada día.

Vale la pena destacar que existe un obstáculo potencialmente grande que las personas triunfadoras tienen que superar cuando comienzan una nueva afición. Es la idea de volver a ser un principiante, haciendo algo que inicialmente no se nos da bien.

Una de las mayores razones por las cuales las personas no siguen aficiones o intereses secundarios es porque están paralizadas por una creencia limitante que dice: "no soy bueno en la música", "no crecí con un papá que me enseñó a pescar", o cualquier otra cosa. Lo increíble sobre el *coaching* es que alguien en algún lugar del mundo ya conoce lo que tú quieres hacer y está disponible para ayudarte a aprenderlo, sea en persona o mediante un tutorial de YouTube. Cuando estamos trabajando en una nueva afición y tenemos que comenzar desde el inicio, experimentamos lo que significa aprender algo por primera vez. Esta nueva perspectiva aporta a nuestro negocio una mentalidad que puede ser muy útil.

Podrías estar pensando: ¿es que no hay algo más productivo que puedas hacer con tu tiempo que mantener una afición? La respuesta es sí y no. Siempre podrías trabajar más, llenar los días y las semanas hasta que no puedas encontrar un segundo más; pero eso es autoderrotista, como ya hemos visto.

Lo más productivo que puedes hacer es ser improductivo de vez en cuando. Tu cuerpo y tu mente estarán más descansados; tendrás más energía y mejores ideas; y probablemente también disfrutarás más de la vida.

7

RECONSIDERAR EL SUEÑO

PRINCIPIO 5

El descanso es el fundamento de un trabajo significativo y productivo

Es muy chistoso que mientras más sueño tenemos, más tiempo nos toma irnos a la cama.

C. S. LEWIS[1]

Tanya, una de nuestras clientas de coaching, admite haber pasado demasiados años privándose de sueño, a menudo durmiendo menos de dos horas por noche. Ella es la CEO de un negocio familiar de tercera generación en la industria de la fabricación de precisión. Su empresa fabrica partes; todo, desde tornillos que sostienen lentes hasta partes para industrias que no pueden fallar, como aparatos aeroespaciales y médicos.

Tania tiene dos hijos muy activos que en esa época participaban en deportes en la secundaria. Su hija jugaba al voleibol, lo cual implicaba ir de un lugar a otro del país para competir en los torneos principales. Para mantener el ritmo del calendario de viajes de su hija, a la vez que se ocupaba de sus responsabilidades en la oficina, Tania admitió que recortó sus horas de sueño por años.

"Me convencí a mí misma de que simplemente no necesitaba dormir tanto porque tenía que estar viajando para apoyar a mi hija; y sabía que podía llevar trabajo conmigo en mi mochila de acá para allá. Me convertí en una profesional del trabajo en viajes. Me parecía a una tortuga ninja mutante adolescente porque mi mochila era gigantesca. Simplemente sacrificaba lo que fuera necesario para llevar a los niños donde tenían que estar. Y dos horas de sueño estaba bien".

Añadido a la presión que ella sentía de ganar en el trabajo estaba el hecho de que "no hay muchas mujeres en la industria de la fabricación. Me relacionaba con hombres tipo A, que eran realmente exitosos. Yo no sabía si dormían, pero me alineé con el modo en que ellos hacían las cosas; y todos ellos estaban *siempre* activos". Y añade: "Si eso significaba que solamente podía dormir una hora y media, entonces eso era lo que tenía que hacer. La mayoría de las noches no podía desconectar mi cerebro. Simplemente pensaba que tarde o temprano mis hijos irían a la universidad, y entonces podría dormir más".

Un cambio en la hoja de balance complicó su situación, cuando un cliente canceló su pedido debido a la bancarrota. Su empresa pasó de una posición de efectivo en positivo a una posición de efectivo en negativo de un millón de dólares. Tania casi se desploma bajo el peso de la responsabilidad por sus cuarenta y dos empleados y las familias que representaban.

Tenía que encontrar un modo de dar un giro a la empresa, lo cual requería más horas. "Asistía a todo, pero siempre llegaba con velocidad mach 5 con mi cabello echando humo. No quería vivir de ese modo, pero no sabía cómo *no* ser de ese modo. Como era al mismo tiempo mamá y la jefa, caí en la trampa de la falacia de la ocupación".

Tania descubrió que no podía mantener ese ritmo y seguir teniendo éxito. Al mismo tiempo que su empresa necesitaba que rindiera al máximo, ella era incapaz de hacerlo por falta de sueño. Muchos triunfadores están aprendiendo esto en la actualidad a medida que la investigación sigue acumulándose, mostrando el poder regenerador del sueño, y lo que sucede cuando no dormimos lo suficiente.

EL SENTIDO COMÚN SE VA POR LA VENTANILLA

"¡Nos quedamos sin cerveza!". Cuando tienes diecisiete años, esas cuatro palabras presentan una crisis declarada. En aquel entonces, otros seis amigos y yo (Michael) estábamos bebiendo hasta altas horas de la madrugada del sábado. Habíamos encontrado el lugar perfecto en el Lago Waco, una reserva artificial de 79 000 acres dentro de Waco, Texas, en los límites de la ciudad. Libres de la supervisión de adultos, era el lugar favorito para los muchachos de secundaria en la ciudad.

La crisis llegó en torno a la 1:00 de la madrugada. No había nada abierto en aquella época después de las 11:00 de la noche, pero uno de nuestros amigos era gerente de una tienda de abarrotes cercana. "Muchachos —anunció— la tienda está cerrada, pero tenemos cerveza en el refrigerador... ¡y yo tengo las llaves!". Todos nos amontonamos en mi auto, tres delante, cuatro detrás, y fuimos a la ciudad.

Tras meternos en la tienda, agarramos un par de cajas de cerveza y nos dirigimos a reanudar nuestra fiesta. De camino hacia el lago, mis amigos comenzaron a beber la cerveza. Las ventanillas estaban bajadas. Nos saludábamos el uno al otro y nos reíamos por nuestro éxito.

Entonces entró en la carretera un auto de la policía, y disminuyó su velocidad mientras el oficial nos rebasaba. Yo miré por el espejo retrovisor a lo que podía tener dentro de mi auto, y comencé a sudar. Sin duda que siete muchachos bebiendo cerveza en un auto a las 2:00 de la mañana atrae la atención. Así sucedió. Su auto se iluminó como si fuera un árbol de Navidad un segundo antes de que hiciera un giro y comenzara a dirigirse hacia nosotros. No estoy seguro de lo que se apoderó de mí, pero en lugar de apartarme a un lado y esperar nuestro destino, pisé el acelerador.

Un kilómetro más adelante giré saliendo de la carretera principal hacia una zona residencial, con la esperanza de despistar al policía que nos perseguía. Mientras íbamos a toda velocidad por las calles residenciales, mis compañeros iban lanzando frenéticamente botellas por las ventanillas, esperando librarse de toda la evidencia. Casi habían terminado cuando pude ver un camino para salir de ese barrio. Hice otro giro y nos fuimos rápidamente. Anticipando ese movimiento, sin embargo, otros dos autos de policía bloqueaban la carretera. Me detuve en seco.

Justamente entonces, el oficial con las luces encendidas se detuvo detrás de mí y salió corriendo hasta mi puerta. "¡Todos afuera!", gritó. Estaba furioso. Nos dijo que pusiéramos nuestras manos sobre el auto y abriéramos las piernas mientras él nos leía la cartilla.

Yo decidí hacerme el tonto. "¿Qué sucede, oficial? —dije— . ¿Hay algún problema?".

"Pude oler su cerveza desde el momento en que los vi hasta ahora mismo".

¡Vaya! "Pero... —objeté— no tenemos ninguna cerveza. Estamos limpios".

Él meneó la cabeza negativamente y me miró fijamente con una mirada que daría que pensar a cualquiera. "Sé exactamente lo que ustedes hicieron. Iban lanzando esas botellas por las ventanillas. Hijo, eso es tirar basura en la calle, además de tener un contenedor abierto en un auto, conducción temeraria, y resistir un arresto".

Mi corazón desfalleció. Estaba condenado. Vi toda mi vida pasar por delante de mis ojos. Pero entonces nuestra fortuna cambió. "Ustedes tienen mucha suerte —dijo el oficial de policía cruzándose de brazos—. Esta noche estamos haciendo limpieza de la cárcel y no tenemos lugar para ustedes. Ahora váyanse a casa, y que no vuelva a agarrarlos haciendo una escena como esa otra vez".

Un momento, *¿qué?* ¿No nos iba a llevar a la comisaría? ¿No me iba a poner una multa? ¿Ni siquiera llamó a nuestros padres? ¿Nos estaba dejando ir solamente con una advertencia? No podía creer la suerte que tuvimos.

No estoy orgulloso de mi conducta de aquella noche. En lo que se refiere a los deslices de la juventud, fue una suerte delirante. Al mirar atrás, me avergüenzo por mi falta de buen juicio. En ese momento, bajo la influencia de algunas cervezas, huir de los policías parecía una gran idea. Todos los muchachos en el auto me animaban mientras nos alejábamos a toda máquina; pero mi buen juicio estaba perjudicado, por decir lo mínimo. ¿Por qué cuento esta historia? Porque muchas personas triunfadoras están en el mismo barco que mis amigos y yo aquella noche, trabajando funcionalmente con el juicio de un borracho.

TRABAJAR BORRACHO

Los efectos sobre la salud de escatimar horas de sueño son muy conocidos: hormonas del estrés elevadas, inmunidad reducida, obesidad, enfermedades cardiovasculares, diabetes, mayor riesgo de apoplejía, muerte prematura, y otras cosas no deseables. Menos apreciado es el efecto que tiene dormir poco sobre nuestro desempeño en el trabajo.

> Muchas personas triunfadoras están en el mismo barco que mis amigos y yo aquella noche, trabajando funcionalmente con el juicio de un borracho.

¿Cuántas horas duermes? Un tercio de los adultos estadounidenses duermen menos de seis horas por noche, e incluso quienes reportan que duermen más, podrían dormir menos de lo que suponen. Tenemos menos parpadeos de los que pensamos porque tendemos a contar el tiempo que estamos en la cama, y no el tiempo que dormimos realmente.[2]

¿Qué hay de malo? Una vez que una persona pasa de diecisiete, dieciocho, diecinueve o veinte horas sin dormir, es como si estuviera borracha, mostrando una incapacidad que se acerca, e incluso supera, el límite legal. Y no es difícil llegar a ese punto. Digamos que te levantas a las 6:00 a. m. y te quedas despierto hasta la medianoche, poniéndote al día con un proyecto o un correo electrónico y luego viendo tu serie favorita en Netflix antes de irte a la cama. Eso son dieciocho horas.

"Muchas personas permanecen despiertas durante periodos de 16 horas o más por razones de trabajo, familiares, o de vida social", concluyeron los investigadores A. M. Williamon y Anne-Marie Feyer, tras un estudio comparando a borrachos con personas que duermen muy poco. "Tras esta duración de horas despiertos, la fatiga alcanza un nivel que puede comprometer un desempeño seguro".[3]

El impacto en nuestras facultades mentales y emocionales es significativo. Estado de ánimo, memoria, habilidades para tomar decisiones, creatividad, incluso el cociente intelectual, todos ellos sufren cuando recortamos nuestras horas de sueño. De hecho, según la neurocientífica Tara Swart, cuando pasamos una noche sin dormir, estamos "operando como si tuviéramos un trastorno de aprendizaje".[4]

Lograr importantes metas empresariales requiere pensamiento creativo y resolver problemas a tiempo real; pero la innovación, detectar patrones, y el pensamiento lateral disminuyen todos ellos por la insuficiencia de horas de sueño. Los procesos de pensamiento que permiten esas condiciones son impulsados por el sueño y sufren sin él. Yo (Megan) no valgo nada en el trabajo (o en la casa) si no duermo al menos ocho horas cada noche. Y la mejor manera en que yo (Michael) puedo mantenerme agudo y despierto todo el día es dormir una siesta rápida después del almuerzo. Sin dormir, nuestra efectividad se va por el desagüe. Eso es cierto para cada uno de nosotros.

Según la neurocientífica Penelope Lewis: "Las personas que se privan de sueño tienen menos ideas originales y también tienden a aferrarse a viejas estrategias que puede que ya no sean eficaces".[5] Los investigadores pueden ver por qué mirando el cerebro. En 2017, un equipo de científicos descubrió

CUANDO NOS PRIVAMOS A NOSOTROS MISMOS DE DESCANSO, SOMOS MENOS CAPACES DE VER CUÁNTO NOS ESTÁ COSTANDO O POR QUÉ NOS ESTÁ COSTANDO.

que la actividad neuronal disminuye en estados de privación de sueño. Nuestras neuronas se atascan y no pueden comunicarse unas con otras.[6]

No es sorprendente que nos enfrentemos a otros problemas de comunicación cuando nuestros cerebros van más lentos. Ya sea que estemos hablando de compañeros de trabajo, amigos, hijos, cónyuges, cualquiera, no podemos movernos por el mundo con otras personas a menos que podamos regular nuestras emociones y entender las emociones de los demás. Por ejemplo, tenemos que ser capaces de leer expresiones y traducir tonos de voz. Dormir poco hace que eso sea problemático.

"En un estado de privación de sueño, el cerebro tiene más probabilidad de malinterpretar esas indicaciones y reaccionar en exceso a eventos emocionales, y se tiende a expresar los sentimientos y el tono de voz de una manera más negativa", escriben Nick van Dam y Els van der Helm en el *McKinsley Quarterly*. Ellos señalan investigaciones que demuestran que las personas privadas de sueño batallan con confiar en los demás, y que los jefes malhumorados tienen empleados que se involucran menos.[7]

La privación de sueño mina nuestra habilidad para gobernar las relaciones que hacen que nuestras vidas funcionen. Y ni siquiera nos damos cuenta de lo mal que nos va. Cuando nos privamos a nosotros mismos de descanso, somos menos capaces de ver cuánto nos está costando o por qué nos está costando. La parte del cerebro donde reside el pensamiento complejo y el razonamiento es especialmente sensible al trabajo excesivo y al descanso insuficiente. Cuando nuestro juicio está perjudicado, no podemos admitir o incluso observar que nuestras habilidades y capacidades también se ven perjudicadas. "La primera parte del cerebro que se desconecta con la privación de sueño —dice el profesor de Harvard Robert Stickgold— es la pequeña parte que dice: 'no estoy rindiendo tan bien'".[8]

Recortar habitualmente las horas de sueño para cumplir con fechas límite, limpiar la bandeja de entrada, o completar un proyecto podría causar elogios de tus iguales o de un jefe que te alaba por hacer lo imposible. Ellos, como mis colegas de bebida, podrían estar alentándote mientras las luces de color azul y rojo brillan a tus espaldas. El culto al trabajo celebra el logro, pero es también muy corto de vista para aplaudir las prácticas de cuidado personal que hacen que el logro sea posible desde un principio.

GRAN ALARDE, VERDAD PEQUEÑA

La gente alardea de lo mucho que trabaja o que juega, pero nunca de cuántas horas duerme. Normalmente sucede lo contrario. Ejecutivos famosos, emprendedores famosos, y sus admiradores presumen de sus breves noches bajo las sábanas diciendo que son fundamentales en su éxito.

Ya hemos encontrado a un par de esas personas en estas páginas (Elon Musk y Martha Stewart), pero la lista podría continuar en muchas páginas más: Jack Dorsey, Marissa Mayer, Indra Nooyi, Sergio Marchionne, Julie Smolyansky, Dominic Orr... Y las personas se sienten atraídas a seguir su ejemplo.

En empresas por todas partes, los derechos de alardear se dirigen a aquellos que más trabajan y menos duermen. Eso es especialmente cierto en los Estados Unidos, donde trabajamos más horas y descansamos menos que prácticamente cualquier otra persona en el mundo.[9]

David Dinges, que dirige la División de Sueño y Cronobiología de la Universidad de Pensilvania, denomina esta celebración de la falta de sueño "fanfarronería del sueño".[10] Está relacionada con el alarde de humildad del que hablamos en el capítulo 2. En el culto al trabajo, alardear de dormir poco es otro modo de dejar saber a los demás que somos importantes. Es una señal de que estamos añadiendo valor, que somos insustituibles, lo cual significa que también podríamos estar impulsados por el temor. Si cerramos nuestros ojos por demasiado tiempo, nos preocupa que pudiéramos ser eclipsados y sustituidos.

Desde donde estamos sentados, todo esto parece no tener caso. Como dice la historiadora Susan Wise Bauer: "Mientras más grande es el alarde, más pequeña es la verdad".[11] No deberíamos enfocarnos en lo que podríamos ganar por pasar más horas delante de nuestras pantallas. Tales ganancias son en gran parte ilusorias. Dado lo que sabemos sobre los elevados costos de la falta de sueño, en cambio deberíamos enfocarnos en las pérdidas exponenciales que estamos sufriendo.

Un estudio de Rand Europe descubrió que los Estados Unidos pierde casi un 3 por ciento de su PIB total cada año porque nos saltamos horas de sueño, más que cualquier otro país.[12] Y el escritor de Forbes, Michael Thomsen, dice que el pensamiento privado de sueño podría ser el culpable del elevado índice de fracaso en Silicon Valley, un lugar que valora a los trabajadores que tratan el sueño del modo en que los vampiros tratan el agua bendita.[13] En este tipo de culturas, las malas ideas perduran por más tiempo del que deberían, y las buenas personas se desgastan, y su salud y sus familias son quienes soportan los efectos colaterales.

Al mirar atrás al lanzamiento de la empresa, el cofundador de Facebook, Dustin Moskovitz, admite que él habría sido más eficaz si no se hubiera privado a sí mismo del descanso y la nutrición adecuados. "Con una profunda tristeza, observo la cultura actual de intensidad en la industria tecnológica", dice. "Mi conclusión intelectual es que estas empresas están destruyendo las vidas personales de sus empleados sin obtener nada a cambio".

Actualmente CEO de Asana, Moskovitz mira atrás con remordimiento a los días que pasaba sin dormir en Facebook. Con un descanso adecuado y una buena nutrición, él dice: "Habría sido *más* efectivo: un mejor líder y un empleado más enfocado. Habría tenido menos ataques de pánico, y problemas de salud agudos... Habría tenido menos peleas insignificantes con mis iguales en la organización... Y habría sido más feliz".[14]

En lugar de recortar nuestras horas de sueño, las investigaciones indican que deberíamos invertir en dormir más. De hecho, es seguro decir que la Doble Ganancia es imposible de otro modo. El sueño crea las condiciones necesarias para el éxito en todos los ámbitos de la vida.

DORMIR MÁS, LOGRAR MÁS

Hay varias maneras en las que dormir más en la noche nos ayuda a lograr más durante el día, tanto en el trabajo como en el hogar. Para comenzar, el sueño mantiene nuestra agudeza mental. ¿Cuántas veces te has quedado mentalmente en blanco en una reunión, has dormitado sobre tu escritorio, o has olvidado a dónde ibas? Eso nos ha sucedido a nosotros más de lo que nos gustaría admitir.

Como hemos visto, saltarnos horas de sueño, aunque sea un poco, puede perjudicar de modo drástico nuestro desempeño mental, creando fatiga, incapacidad para enfocarnos, tiempos de reacción más lentos, y otras cosas. El hábito de dormir lo suficiente, sin embargo, produce claridad mental, mejor juicio y habilidad de tomar decisiones, y una memoria más aguda.[15]

El sueño mejora nuestra capacidad de recordar, aprender y crecer. Estamos seguros de que los acertijos están bien, pero una cantidad adecuada de horas de sueño es la mejor herramienta de aprendizaje que existe. Nuestras mentes son particularmente activas cuando dormimos, integrando nueva información aprendida durante el día, procesando recuerdos, y diferenciando entre lo significativo y todas las cosas sin importancia que agarramos. Esto se conoce como "sueño postaprendizaje".[16] Incluso soñar es crítico para este proceso. Si nuestro trabajo depende de nuestra creatividad y perspectiva (¿y el de quién no lo hace?), entonces el sueño es esencial.

El sueño también refresca nuestro estado emocional. Nada puede hacernos sentir deprimidos, malhumorados e irritables como la falta de sueño. Para pulsar el botón de reinicio, simplemente hay que irse a la cama. El sueño reduce las sustancias químicas del estrés en el cerebro y nos ayuda a obtener el control de nuestras emociones. "Durante la etapa de sueño REM —escribe Tom Rath, citando una investigación de Berkeley— los recuerdos están siendo reactivados, puestos en perspectiva y conectados e integrados, pero en un estado en el que los neuroquímicos del estrés son suprimidos beneficiosamente".[17] El resultado es que podemos comenzar el día emocionalmente frescos y empoderados si invertimos en nuestro sueño.

Finalmente, ***el sueño revitaliza nuestro cuerpo***. Todos tenemos un reloj corporal. Cuando ignoramos sus señales y jugamos por más tiempo o trabajamos más, creamos estrés innecesario, y ese estrés contribuye a estados como depresión, fatiga, subida de peso, elevada presión arterial, y cosas mucho peores. Pero el sueño disminuye los químicos estresantes en nuestro cuerpo, impulsa nuestro sistema inmune, y mejora el metabolismo en nuestro cuerpo. En lugar de mantenernos despiertos y cansados después de trabajar horas extra en un proyecto, ¿por qué no abordarlo renovados al día siguiente? Haremos un trabajo mejor y nos sentiremos mejor al respecto.

Conclusión: actuamos como si el sueño fuera un lujo o una indulgencia y, como resultado, sacrificar horas de sueño en nombre de la productividad se ha convertido en una rutina. Pero lo contrario es lo cierto. Robar horas de sueño es como llegar al límite de nuestra tarjeta de crédito. Hay un beneficio ahora, o al menos eso es lo que nos parece, pero la factura siempre llega en su momento en forma de habilidad mental disminuida y mala salud.

Robar horas de sueño es como llegar al límite de nuestra tarjeta de crédito.

EL *SABBAT* DIARIO

En el capítulo anterior vimos la pausa beneficiosa. Aunque están decayendo en algunos rincones, tenemos recesos naturales para descansar y recargar integrados en nuestra cultura. La idea de un día de reposo semanal tiene ya milenios de antigüedad y asegura que tomemos tiempo cada semana para desconectar y relajarnos. La idea se remonta al relato de la creación del libro de Génesis cuando Dios descansó el séptimo día.

Pero el teólogo Peter Leithart dice que pasamos por alto otra referencia más sutil al descanso en la historia de la creación, y vale la pena prestarle atención, seamos religiosos o no.

"Hay otro patrón del día de reposo que está integrado en el relato de la creación", dice Leithart. "No es simplemente que Dios trabaja a pleno rendimiento a todas horas por seis días y después descansa el séptimo día. Hay un descanso integrado en cada día".[18] ¿Cómo es eso? Cuando Génesis comunica la acción, Dios trabaja durante el periodo del día, pero este tiempo de trabajo se presenta como la segunda mitad del día. Cuando se cuentan los días, la noche está primero, e incluso en la actualidad los judíos observantes consideran que el nuevo día comienza al atardecer y no al amanecer. Es lo mismo con el día litúrgico en la práctica cristiana ortodoxa.

"El tiempo de descanso precede al tiempo de trabajo —dice Leithart—; y eso nos da una indicación en cuanto a cómo deberíamos pensar sobre el *sabbat* y el descanso en nuestras propias vidas. No estamos simplemente trabajando hacia el descanso". No es que trabajemos para poder ganar más tiempo libre, tiempo para dormir. Trabajamos porque hemos dormido, porque estamos descansados. "Estamos trabajando por una sensación de descanso —sigue diciendo—. Eso evita que estemos frenéticos, nos guarda de la adicción al trabajo, porque nuestro trabajo lo hacemos no peleándonos para así poder llegar al tiempo libre; se hace por un descanso que ya se ha logrado".[19]

Por eso deberíamos pensar en el sueño no como el final a regañadientes de un día, sino el mejor modo de comenzar el siguiente.

PRÁCTICA DE LA DOBLE GANANCIA

COMENZAR EL DÍA TRAS HABER DORMIDO BIEN

¿Cuántas horas de sueño necesitamos realmente? Varía de persona a persona, pero siete horas por noche parece ser el mínimo. Antes de la luz artificial, los seres humanos dormían mucho más tiempo que ese. El mejor consejo es apuntar a las ocho horas cada noche y ver cómo nos sentimos. No es difícil disipar la neblina mental. Una semana durmiendo bien es lo único necesario para comenzar a sentirnos agudos de nuevo.[20]

A continuación, tenemos el modo de asegurarnos de dormir bien en la noche. No hay garantías, pero siéntete libre para usar y adaptar estas sugerencias:

Preparar el ambiente. Asegúrate de que el cuarto está oscuro. Obtenemos indicaciones biológicamente de nuestros entornos. Si está oscuro, eso nos indica que nos vayamos a dormir. "La luz en el cuarto", según un reporte, "ejerce un profundo efecto supresor sobre los niveles de melatonina, y acorta la representación interna del cuerpo de la duración de la noche".[21] Nosotros utilizamos persianas gruesas y cortinas para reducir la luz del exterior. Y también suavizamos o eliminamos la luz de la tecnología en nuestros cuartos.

Un cuarto fresco también ayuda. Chris Winter, presidente de *Charlottesville Neurology and Sleep Medicine*, dice que

65 grados Fahrenheit (18 grados Celsius) es la temperatura ideal porque "un ambiente más fresco normalmente conduce a una mejor calidad del sueño".[22] Expertos creen que temperaturas un poco más frescas ayudan a regular nuestro reloj interno, el cual disminuye nuestra temperatura corporal interna mientras dormimos y la eleva cuando se acerca la mañana. Algunos expertos dicen que la temperatura ideal para dormir está entre 60 y 67 grados Fahrenheit. Realmente es cuestión de decisión personal.

Usa un ventilador o acondicionador de sonido. Aproximadamente el 5 por ciento de los estadounidenses utilizan un "acondicionador de sonido" o "máquina del sueño" cuando se van a la cama. Ese porcentaje nos parece demasiado bajo. El ruido blanco producido por un ventilador enmascara y aleja el ruido y nos ayuda a quedarnos dormidos y mantenernos dormidos. Yo (Michael) he dormido con un ventilador encendido desde la universidad, y yo (Megan) no solo uso un ventilador, ¡sino dos aparatos de sonido blanco! No es exceso si duermes bien.

Prepárate. Evita las bebidas con cafeína en la tarde. La cafeína es un estimulante psicoactivo que opera contra ti en la noche. Cuando yo (Michael) era más joven, podía beber café a cualquier hora, incluso después de la cena, y no me afectaba cuando me iba a dormir. Ya no puedo hacerlo. No puedo beber cafeína después de las 4:00 de la tarde porque me mantiene despierto hasta las 2:00 de la mañana. Cada uno es diferente. Si lo que te gusta son las bebidas energéticas, ten en cuenta que algunas contienen más de 300 miligramos de cafeína por lata: tres veces el nivel que hay en una taza de café.

Elimina las aportaciones negativas, especialmente si por naturaleza tiendes a preocuparte. Cuando yo (Michael) era el

CEO de Thomas Nelson, nos absorbió una empresa privada de inversiones en Nueva York. Esto sucedió en medio de la recesión, y yo sabía que si llegaba una llamada después de las 7:00 de la tarde de Nueva York, probablemente era por un problema del que querían hablar. Dejé de responder a esas demandas, pues terminaba pensando en su problema durante toda la noche y no dormía las horas suficientes para el día siguiente. Para ti podría significar evitar las noticias o las redes sociales.

Escucha música relajante. Esto no funciona para todo el mundo, pero yo (Michael) escucho exactamente la misma música cada noche mientras me preparo para irme a dormir. Se ha convertido en una indicación sonora que les dice a mi subconsciente y a mi cuerpo: "es momento de irse a dormir ahora". Y aunque me gusta el rock clásico, sugeriría tener una colección de música más calmada. La música instrumental es la mejor, ya sea música clásica suave, piano, o arreglos para cuerdas. Gail y yo hemos escuchado las mismas cuatro o cinco canciones cada noche durante la última década. Yo normalmente ya estoy dormido en mitad de la segunda canción. Tener definido ese tipo de ritual ayuda.

Toma un baño o una ducha caliente. El baño es uno de los mejores métodos no farmacológicos de mejorar el sueño; y hay muchísima investigación nueva que lo respalda. Tomar un baño relajante es la pieza central de mi rutina nocturna (de Megan). Según los descubrimientos de diecisiete estudios, "un baño o una ducha a unos 104 grados Fahrenheit (40 grados Celsius) antes de irte a la cama, de una duración tan corta como 10 minutos, se relacionaba de modo significativo con una calidad mejorada del sueño, y aumentaba la cantidad general de tiempo dormido".[24] Yo estoy en la bañera no más de quince minutos, y eso marca toda la diferencia. El marco de tiempo ideal para un baño o una ducha es de una o dos horas antes de ir a la cama.[25]

Ora con tu cónyuge. Mientras que esto no se aplicará necesariamente a todos nuestros lectores, es parte de nuestra rutina nocturna y funciona para nosotros. Gail y yo (Michael) oramos juntos cada noche mientras estamos tumbados en la cama. Joel y yo (Megan) hacemos lo mismo. Oramos por las cosas que son importantes para nosotros, que nos preocupan, o que estamos soñando acerca del futuro.

Precaución con el rastreo del sueño. Son adecuadas unas palabras sobre la tecnología del rastreo del sueño. Aparatos como los que ofrecen Apple Watch, Fitbit, Jawbone, Nike Fuel Band y otros similares prometen cuantificar la duración y la calidad del sueño. En teoría, los datos proporcionan una "puntuación del sueño" con sugerencias sobre cómo optimizar nuestra rutina de sueño. Sin embargo, hay un cuerpo de investigación cada vez más grande cuestionando la sabiduría de utilizar tecnología usable de rastreo del sueño.

Un estudio del *Journal of Clinical Sleep Medicine* descubrió que los aparatos para rastrear el sueño podrían causar más daño que ayuda, al reforzar la "ansiedad relacionada con el sueño o perfeccionismo para algunos pacientes".[26] Esta búsqueda de la noche de sueño perfecta se conoce como *ortosomnia*.

Digamos que eres el tipo de líder que está obsesionado con las cifras en la oficina. Estudias los datos constantemente con la mirada puesta en cómo mejorar y superar tus cifras del último trimestre. No hay nada de malo en eso, pero aquí está el problema. Cuando se trata de optimizar tus horas de sueño fijándote en mejorar tu cifra de sueño, aumentas tus niveles de estrés y terminas con más dificultad para dormir.[27]

La mayoría de los rastreadores de sueño ni siquiera son tan precisos.[28]

Finalmente, ir a dormir a tiempo. Si quieres dormir bien en la noche, tienes que ser disciplinado para irte a la cama a tiempo. Esto sigue siendo una batalla para nosotros, pero tenemos que ser estrictos con nosotros mismos. Como personas muy triunfadoras, siempre hay una cosa más que hacer, incluso si es un episodio más de nuestro programa favorito actual.

Debemos resistir el impulso. Si no tenemos cuidado, pensamos: *En cuanto termine esta entrada en el blog... En cuanto me ponga al día con mis mensajes*... En algún punto, tenemos que establecer un límite fijo y decir: "Bueno, me voy a la cama a tiempo porque mañana también es importante. Seré dos veces más eficaz entonces, por eso en lugar de quedarme un poco más de tiempo despierto, voy a obtener el descanso que necesito ahora".

DUERME BIEN EN LA NOCHE	
• Prepara el ambiente • Prepárate tú mismo	• Precaución con el rastreo del sueño • Vete a la cama a tiempo

No hay nada de malo en hacer más con menos, pero si no somos inteligentes con respecto a nuestro sueño, podemos debilitar nuestra productividad e incluso nuestra salud. En lugar de pensar en el descanso y el sueño como una indulgencia, necesitamos pensar en ellos como automejora y el fundamento de un trabajo y una vida significativos y productivos.

8

CÓMO CREAR TU PROPIA DOBLE GANANCIA

A veces, es como si estuviéramos toda la vida a la carrera hacia la línea de meta, rozando la superficie y sin caer nunca en la vida.

TARA BRACH[1]

Hace años atrás, Gail y yo (Michael) fuimos a Maui para celebrar nuestro aniversario. El segundo día tomamos lecciones de *snorkel*. Comenzamos en la piscina, y después llegamos hacia el arrecife de coral cercano a nuestro hotel. Nos encantó. Era como nadar en un acuario inmenso. Más tarde ese mismo día, rentamos equipo de *snorkel* y decidimos que nos aventuraríamos a salir solos. Habíamos descubierto un nuevo deporte que podíamos practicar juntos.

A la mañana siguiente emprendimos camino hacia la playa. No había ni un alma alrededor; era como una escena de la película *La laguna azul*: inmaculado, tranquilo y asombroso. Teníamos muchas ganas de meternos en el agua. Mientras chapoteábamos en el lago, con la cara frente al agua, quedamos fascinados por la vida acuática que rebosaba tan solo a unos pies debajo de nosotros. Vimos peces de colores brillantes, plantas que ondeaban lentamente y, claro está, el arrecife de coral: vivo y lleno de actividad. Fue verdaderamente una experiencia asombrosa.

En cierto momento, decidí sacar la cabeza del agua y mirar a mi alrededor. Di un grito de asombro. La corriente nos había arrastrado mar adentro; la costa se veía imposiblemente lejana. Nuestro hotel, y todos los hoteles a lo largo de la costa, parecían juguetes en la distancia. Inmediatamente le grité a Gail, quien, por fortuna, estaba a corta distancia de mí. Ella levantó la mirada, vio nuestra situación, y entonces me miró a mí casi con pánico. "¡Oh, Dios mío! ¿Qué vamos a hacer?".

Afortunadamente, teníamos con nosotros una tabla de *boogie*, sobre la cual podíamos dejar caparazones y otros objetos que esperábamos encontrar en el suelo oceánico. Los dos nos agarramos a ella y comenzamos a remar para salvar nuestras vidas: literalmente. Nadamos por más de una hora. Finalmente, cuando estábamos cerca de la costa, nos pusimos de pie en el agua que no nos cubría, caminamos con dificultad hasta la playa, y nos desplomamos sobre la arena, totalmente agotados.

Entendimos cuán cerca del desastre habíamos estado. Ese no era el resultado que teníamos en mente cuando nos metimos en el agua inocentemente aquella mañana. Se podría decir que la corriente conspiró contra nosotros, y terminamos en un lugar que no escogimos ni deseábamos. Peor aún, nos habíamos perdido, y a menos que nadáramos en contra de las fuerzas que operaban contra nosotros, terminaríamos en un grave peligro en el mar.

Una dinámica de movimiento similar actúa en las vidas de las personas triunfadoras en el presente. El culto al trabajo es una potente marea que puede alejarte lejos de la orilla si no eres consciente de su fuerza. Incluso cuando somos conscientes de su potencia, aun así podemos sucumbir a la corriente. Pero resistir debería ser en cierto modo más fácil ahora que tenemos cinco principios clave para cambiar por el problema, y prácticas que nos permiten implementarlos.

El culto al trabajo dice:

- el trabajo es la orientación principal para la vida:
- las limitaciones asfixian la productividad;
- el balance entre trabajo y vida es un mito;
- una persona debería estar siempre ocupada; y
- el descanso desvía tiempo del trabajo.

Pero ahora ya sabemos:

- El trabajo es tan solo una de muchas maneras de orientar la vida, y podemos definir cómo se ve para nosotros ganar en el trabajo y tener éxito en la vida;
- Los límites fomentan productividad, creatividad y libertad, y podemos limitar nuestro día laboral;
- El balance entre trabajo y vida no es un mito, y podemos programar lo que nos importa verdaderamente y las personas que son más importantes para nosotros;
- Hay un poder increíble en aquello que hacemos que no busca un logro específico, y podemos mantener actividades de ocio que nos deleitan y nos renuevan; y
- El descanso es el fundamento para un trabajo significativo y productivo, y podemos comenzar cada día tras haber dormido bien.

En otras palabras, lo que sabes ahora es que la Doble Ganancia es posible. Realmente puedes ganar en el trabajo y tener éxito en la vida. Ya hemos explorado cómo, pero usemos este último capítulo para profundizar un poco más. Veremos primero lo que los individuos pueden hacer, y después ampliaremos el alcance para ver lo que los empleadores pueden hacer.

LO QUE LOS INDIVIDUOS PUEDEN HACER

Cuando yo (Megan) me diagnosticaron la enfermedad de Crohn, me hicieron dos cirugías y estuve entrando y saliendo del hospital por un tiempo. Durante ese periodo, parecía que cada vez que giraba, había una enfermera pinchándome en el brazo para introducir un catéter o para extraerme sangre. Lo aborrecía.

Fue entonces cuando una querida amiga y mentora que ha tenido sus propias peleas con retos de salud, me habló sobre la aguja mariposa. Era más pequeña que la aguja normal y duele menos. Yo dije que me sentiría una tonta por pedir una cosa como esa, pero mi amiga argumentó. "Deberías hacer que esto fuera lo más fácil posible para ti, Megan. No tiene caso hacer que sea más difícil de lo que tiene que ser".

LO QUE LOS INDIVIDUOS PUEDEN HACER
• Identifica lo que quieres • Comunica lo que quieres • Organiza tu vida para obtener lo que quieres

En su libro *Pájaro a pájaro*, Anne Lamott habla de estar "militantemente de tu propio lado". Siempre comparo el consejo de Lamott con el de mi amiga. Mantente de tu lado. Si es más difícil de lo necesario, trabaja para que sea más fácil. Y hazlo sin remordimientos.

A veces tenemos cierto tipo de "Síndrome de Estocolmo corporativo", en el que excusamos y defendemos la cultura del culto al trabajo en nuestras empresas y círculos de amistades.[3] Tenemos que dejar de trabajar contra nosotros mismos. ¿Cómo? Cuando se trata de lo que los individuos pueden hacer, aquí tenemos tres pasos principales que debemos dar.

Identifica lo que quieres. Debido a la dinámica de cambio mencionada anteriormente, a menudo no somos conscientes de lo que es el culto al trabajo o de lo que nos está costando. Probablemente nos parece normal a la mayoría de nosotros, al menos cuando nos hemos acostumbrado a ese tipo de castigo. Es simplemente el agua donde nadamos, y las corrientes nos llevan donde quieren.

Si quieres la Doble Ganancia, tienes que remar contra la corriente, y eso comienza teniendo claro lo que es la Doble Ganancia para ti. ¿Cómo es para ti tener una vida profesional próspera? ¿Cómo es para ti tener una vida personal, familiar y social próspera? Piensa en tus elementos no negociables. ¿Cómo es para ti un cuidado personal adecuado, o incluso ideal? ¿Cuáles son tus prioridades relacionales? ¿Tienes las amistades que quieres? ¿Tienes la relación que quieres con tu cónyuge? ¿Y qué de tus hijos y tu familia extendida? ¿De qué quieres ser responsable en el trabajo? ¿Cuántas horas quieres trabajar cada día?

Si quieres la Doble Ganancia, tienes que remar contra la corriente, y eso comienza teniendo claro lo que es la Doble Ganancia para ti.

¿Cómo se ve para ti ganar en todos los ámbitos de la vida?

Para ayudarte a definir tus deseos y dar cierta forma a tus aspiraciones, tal vez te resulte útil crear un plan de vida y establecer metas anuales. Yo (Michael) hablo sobre eso en mis libros *Tu mejor futuro* (escrito con Daniel Harkavy) y *Tu mejor año*. Lo importante a destacar es que el progreso siempre comienza con el deseo, y avanza hacia la claridad. No necesitas tener una claridad perfecta al inicio. La claridad llega a medida que avanzas hacia lo que quieres, pero tienes que saber lo que deseas.

Comunica lo que quieres. A menos que tengas un criterio extraordinario sobre tu tiempo y tu dinero, probablemente tendrás a otros a quienes rendir cuentas en cuanto al modo de utilizarlos. Podría ser tu compañero de vida o tu compañero de negocio. Podría ser tu junta directiva o tu jefe; podrían ser tus clientes o tu equipo; podrían ser tus clientes o tus proveedores. Nuestras vidas están interconectadas. Socios, jefes, clientes y el resto también están en su propio lado. Conseguir lo que queremos significa que tenemos que comunicar y cooperar cuando sea posible.

Eso no sucede a menudo. En un estudio sobre estrategias para lidiar en trabajos de alta intensidad, el 43 por ciento de los empleados reconocen trabajar excesivamente, mientras que el 27 por ciento finge seguir la cultura de trabajar muchas horas. Solamente el 30 por ciento estaba dispuesto a defender cambios para hacer que su trabajo encaje en el resto de su vida y sus necesidades.[4] Sin duda alguna, hay riesgos en hacer eso, incluyendo potencial resistencia por parte de liderazgo que no apoya, críticas de compañeros de trabajo, y posiblemente incluso menos oportunidades para el avance.

Esto será especialmente desafiante para quienes se identifican como personas que quieren agradar a los demás, o quienes tienden a evitar el conflicto. Lo entendemos. Pero quienes quieren agradar a los demás debieran, como mínimo, apuntar a agradarse a sí mismos. Después de todo, ellos también son personas. Y si intentamos evitar el conflicto, entonces necesitamos reconocer que estamos causando mucho más conflicto interno del necesario cuando accedemos a peticiones y demandas que destruyen nuestro balance entre trabajo y vida.

Nunca es fácil trazar nuevos límites, renegociar viejos tratos, y redefinir relaciones existentes, pero es necesario si queremos experimentar la Doble Ganancia. Ya hemos visto ejemplos de profesionales que han hecho eso y han tenido éxito, por ejemplo, la gerente de mercadotecnia de P&G en el capítulo 5 que reestructuró su horario; nuestro propio cliente Roy, que convenció a sus directivos superiores para que lo dejaran tranquilo después del horario laboral y le permitieran seguir dando los resultados. Es posible. Tiene que ser eso, o encontrar o crear un empleo más adecuado para ti mismo.

Organiza tu vida para conseguir lo que quieres. En mi libro (de Michael) *Libre para enfocarte*, hablo sobre la Zona de Deseo. Se refiere a cuando estás trabajando en áreas de tu mayor pasión y destreza. Es un concepto sencillo: el trabajo es más agradable cuando se te da muy bien lo que haces, y también te encanta hacerlo.

Cuando damos *coaching* a clientes, siempre los alentamos a buscar maneras de eliminar, automatizar o delegar cualquier cosa que no encaje en su Zona de Deseo. No siempre es posible, pero mientras más discreción tengas sobre tu tiempo y tu dinero, más podrás organizar tu trabajo para que encaje en tus intereses y habilidades. Algunas veces tenemos clientes que se resisten a esto, pero después de tan solo minutos de un pronóstico de problemas, los ayudamos a identificar las maneras en que podrían apartar de su plato el trabajo no deseado. Esto tiene el beneficio de permitir a las personas experimentar una mayor alegría y satisfacción en su trabajo. Este método también funciona bien fuera de la oficina. Es importante reconocer que mantener un hogar es un trabajo de jornada completa. Incluso las personas que no tienen hijos pueden atestiguar de las implacables demandas.

Para mantener un balance razonable entre trabajo y vida, las familias con dos ingresos tienen que dividir la carga e involucrarse ellos mismos, o también buscar maneras de eliminar, automatizar y delegar partes de ese trabajo. El cuidado del jardín, las compras, lavar la ropa, cocinar, limpieza y reparación del hogar, y muchas otras cosas se pueden delegar a otros, incluso con un presupuesto. Y esto también se aplica a las personas solteras, especialmente a los padres y madres solteros.

Por lo tanto, ¿qué lo haría más fácil para ti? Dependiendo de tus recursos, puedes encontrar servicios y personas que se ocupen de parte de las cargas o incluso de todas ellas. Sé intencional acerca de eliminar, automatizar y delegar lo que puedas. No puedes comprar tiempo, hablando estrictamente; pero hay personas y servicios que están deseosos de hacer un intercambio.

Pregúntate a ti mismo: ¿qué contribuye más a mi vida: hacer la compra o dormir una siesta? ¿Organizar el lavado de ropa o montar en bicicleta con mis hijos? ¿Pasar una noche fuera con mi pareja o limpiar la casa porque no pude hacerlo el fin de semana? ¿Dónde utilizo más mi pasión y destreza fuera del trabajo? Es ahí donde debieras estar invirtiendo fuera de tus horas de trabajo.

LO QUE LOS LÍDERES PUEDEN HACER

Cuando hablamos sobre la Doble Ganancia, los líderes a menudo se emocionan. Por lo general, están viviendo las mismas estadísticas horrorosas que hemos visto y sufrido debido al culto al trabajo, más que cualquier otra persona. Por lo tanto, cuando hablamos sobre ganar en el trabajo y tener éxito en la vida, ellos se emocionan. Es como lanzarle un salvavidas a una persona que se está ahogando. Las personas que se encuentran en situaciones desesperadas son generalmente inconscientes de la mala situación de otros, y eso puede aplicarse algunas veces a los líderes. Pero cuando ellos han comenzado a ser libres del culto al trabajo, les corresponde liberar a sus equipos.

Sabemos, por ejemplo, que los empleados que están descansados son mejores empleados; y es casi imposible separar la vida laboral de la vida del hogar. Cuando nuestras vidas personales sufren debido al culto al trabajo, nuestro trabajo también sufre, o lo hará finalmente. Y lo peor de todo es que el agotamiento fomenta el cinismo. Gracias a una menor productividad, no es que los empleados que tienen demasiado trabajo hagan alguna ganancia real a cambio de sus sacrificios; más bien se trata de mantenerse a flote en un entorno laboral disfuncional. Esto es un desastre a la espera de producirse, si es que no se ha producido ya. El agotamiento no solo hace daño a las vidas profesionales y personales de los empleados, sino que también fomenta el tipo de cinismo que vuelve agria la cultura en la oficina y daña las relaciones con los clientes. Cuando las personas piensan que el éxito es de suma cero, y que para que la empresa gane, los trabajadores tienen que perder, es fácil volverse escépticos y difundir toxicidad por toda la organización y más allá.

La defensa más segura contra estos problemas es empoderar a tu equipo para que experimente por sí mismo la Doble Ganancia. Eso siempre comienza con el líder, porque el líder no solo debe modelar la Doble Ganancia y defenderla dentro e incluso fuera de la organización, sino que también son ellos los únicos que pueden cambiar las razones estructurales y relacionadas con las políticas del culto al trabajo. Hay muchas cosas que pueden hacerse para crear una cultura de la Doble Ganancia en tu organización, pero queremos recomendar solamente cinco.

LO QUE PUEDES HACER COMO LÍDER

- Modela la Doble Ganancia.
- Conecta los puntos para tu gente.
- Da más autonomía a tu equipo.
- Limita el día laboral y la semana laboral.
- Da recursos a tu visión.

Modela la Doble Ganancia. Las personas que se reportan a ti, las personas con las que trabajas, comienzan inconscientemente a imitarte. Emular es, en su mayor parte, inconsciente y principalmente inevitable, en especial en relación con los líderes organizacionales. La gente no puede evitarlo.

Como líder, tampoco tú puedes evitarlo. Eres tú quien establece el ritmo. Si trabajas setenta horas por semana, tu gente cree que tiene trabajar setenta horas por semana para satisfacerte. Tú estableces la norma, y ellos creen inconscientemente que esa es la norma que ellos deben cumplir.

El problema es que la mayoría de ellos no van a ser capaces de mantener el ritmo, y tú serás el responsable de las consecuencias. Si tu matrimonio puede manejarlo, estupendo, pero ¿y si el de ellos no puede? ¿Y si ellos atraviesan un divorcio, uno de sus hijos se descarrila, o su salud es un problema? ¿Estás dispuesto a aceptar la responsabilidad por eso porque, como líder, no ejerciste el tipo de influencia que tenía un impacto positivo sobre las personas? Yo no estoy dispuesto, al menos ya no. Lo más importante que puedes hacer es modelar la conducta que quieres ver:

- Enfoque multidimensional, no un enfoque miope solamente en el trabajo.
- Un día laboral y semana laboral con límites, juntamente con el pensamiento creativo que fomenta.
- Balance entre trabajo y vida.
- Actividades sin un objetivo de logro intencional y aficiones refrescantes fuera del trabajo.
- Horas de sueño. No más correos electrónicos o mensajes a las 11:00 de la noche.

Conecta los puntos para tu gente. Vimos en el capítulo 4 que el trabajo moderno nos exige, en mayor o menor medida, crear nuestro propio trabajo. Esto exige mucho trabajo intelectual e incluso emocional por parte de los empleados. Esto es especialmente cierto cuando la visión, los objetivos, las prioridades estratégicas y el progreso hacia los hitos clave de la empresa están ausentes o la gerencia los mantiene en secreto.

Para un gran desempeño de los empleados, los líderes deben conectar los puntos. Compartir con frecuencia la visión y los objetivos de la empresa, discutir la estrategia y mostrar cómo cada puesto contribuye a alcanzar esas metas y hacer realidad la visión. También es fundamental hablar públicamente sobre el progreso, incluyendo el desempeño financiero siempre que sea posible y en la medida adecuada. Todo esto ayuda a reducir la parte del trabajo que los empleados tienen que definir por sí mismos. Así lo habrás dejado completamente claro.

Da más autonomía a tu equipo. Cuando ellos tienen clara la visión, las metas y la estrategia, no hay razón para seguir teniendo las riendas. Dale a tu gente toda la autonomía posible en cuanto al ámbito y el marco de su trabajo. "Cuando los empleados tienen un mayor control sobre cuándo, dónde y cómo hacen su trabajo", dicen las profesoras Erin Kelly y Phyllis Moen, "están menos estresados, reportan una mejor salud, y están más involucrados y comprometidos con su trabajo".[5]

> Dale a tu gente toda la autonomía posible en cuanto al ámbito y el marco de su trabajo.

En Michael Hyatt & Co., por ejemplo, trabajamos de modo semivirtual. Tenemos una oficina, pero permitimos a nuestros empleados que trabajen fuera de la oficina tanto como necesiten. También tenemos tiempo libre remunerado e ilimitado, y trabajamos con jefes de departamentos para asegurarnos que sus equipos estén tomando el tiempo libre suficiente cada año. Nunca hemos tenido a un solo empleado que abuse del privilegio.

Limita el día laboral y la semana laboral. Si has contratado a personas muy triunfadoras, el único problema que podrías tener es que las personas trabajen demasiado por su propia voluntad. Como líder, deberías limitar eso todo lo posible, y comienza poniendo límites al día laboral.

Una de las razones para el culto al trabajo mencionada en el capítulo 2 está en las expectativas muy altas, que incluyen expectativas de nosotros mismos, nuestros jefes y nuestros clientes. Aparte de indicaciones explícitas de trabajar todo el día, ninguna expectativa es más contraproducente que la que la profesora de *Harvard Business School*, Leslie Perlow, denomina "el ciclo del grado de respuesta".

Comienza a medida que peticiones razonables encajan fuera de las horas de trabajo regulares. Empleados con buenas intenciones acomodan esas peticiones, señalando que son aptos para volver a ocuparse de tales peticiones. "Cuando otros colegas experimentan este grado de respuesta aumentado, sus propias peticiones se amplían", dice Perlow. "Trabajando ya muchas horas, la mayoría simplemente acepta esas demandas adicionales, sean urgentes o no, y quienes no lo hacen se arriesgan a ser catalogados como menos que comprometidos con su trabajo... La mayoría de las personas ni siquiera observan que van en camino hacia una semana laboral de 24 horas al día".[6]

Los líderes pueden contrarrestar esto estableciendo límites formales en la jornada y la semana laboral. En Michael Hyatt & Co., eximimos a cualquier empleado de responder mensajes por Slack o correos electrónicos después del horario laboral o durante los fines de semana. También desalentamos activamente a cualquiera que envíe tales mensajes durante esas horas. Si surge una emergencia, enviamos un mensaje de texto; pero eso es poco frecuente.

Eso significa que los compañeros de equipo ni siquiera tienen que monitorear el trabajo cuando ha finalizado el periodo laboral, porque no se produce nada de trabajo. Tenemos que ser flexibles y acomodar proyectos urgentes u otras emergencias de vez en cuando, pero el día laboral limitado asegura que el culto al trabajo se desaliente activamente por parte de la cultura de la empresa y sus políticas.

Y no olvidemos la cuestión de cuánto limitar el día laboral. Muchas empresas están experimentando con horas reducidas, y están cosechando recompensas por intentarlo. Como mencionamos en el capítulo 4, nosotros tenemos un día laboral de seis horas en Michael Hyatt & Co. Algunas empresas han probado con una semana laboral de cuatro días. La evidencia continúa mostrando el éxito de estos experimentos.[7]

Da recursos a tu visión. Finalmente, si tu visión, objetivos y estrategia requieren constantemente que invadas el margen de tiempo de tus empleados, hay algo que no está funcionando bien. Y no nos referimos a tu visión; lo que va mal son tus recursos. Los periodos de demandas extra son normales, pero como muestra el ciclo de grado de respuesta de Perlow, las demandas extra pueden convertirse fácilmente en cargas de trabajo normales. Y ese es un problema fundamental.

El equilibrio entre la vida laboral y personal no es un mito, pero las cargas de trabajo y las expectativas a veces son completamente irrazonables y lo hacen imposible. La visión de los grandes triunfadores siempre supera sus recursos. Lo que distingue a los líderes eficaces de los simples capataces es la sabiduría para saber cuánto pueden exigir a su gente y el reconocimiento suficiente para brindarles los recursos e invertir en ellos según sea necesario. La vida de los empleados no es una tarjeta de crédito para financiar planes ambiciosos.

LA ESCENA DESDE AQUÍ

Ya sea como líder individual o de organizaciones, tu futuro depende en un grado u otro de las decisiones que tomes en

TIENES

INFLUENCIA SOBRE

TU FUTURO.

este momento. Nunca estarás en una posición mejor para llevar a cabo ese futuro que la que tienes hoy, la que tienes en este momento. Si esperas hasta el próximo mes, el próximo trimestre o el próximo año para comenzar a hacer cambios, solamente será más difícil.

Sin importar cuán frustrado puedas sentirte en tu realidad presente, no eres una víctima; no estás condenado a enfrentar la decisión imposible entre la Falacia de la Ocupación y el Freno de la Ambición. Puedes seguir el tercer camino; y tienes influencia sobre tu futuro, ya que puedes decidir mejorar cualquiera de los ámbitos poco atendidos o necesitados de tu vida. *Ahora* es el mejor momento para tener claro dónde quieres estar y dar los pasos graduales en el camino hacia la Doble Ganancia.

Como seres humanos, tenemos el privilegio de determinar nuestro legado. Podemos decidir cómo queremos que nos recuerden; pero esta no es una decisión única, sino una serie de decisiones. Culpar de nuestras circunstancias a otras personas, incluso cuando ellos son responsables en parte, o casi totalmente, solo nos convierte en *víctimas*. Nos roba nuestra libertad y nos mantiene atascados. Nunca es demasiado tarde para cambiar de rumbo y hacer que tu vida cuente.

¿Estás abrumado en tu papel como triunfador? ¿Tienes un empleo que aborreces, viviendo para los fines de semana que ni siquiera puedes disfrutar porque sientes el sonido fantasma de tu teléfono todo el día? ¿Eres un adicto al trabajo que, al decidir trabajar demasiado, estás descuidando a tu familia? ¿Estás fuera de forma o enfermo porque has decidido no dar prioridad a tu salud? ¿Careces de amistades profundas y significativas? ¿Eres un extraño para tus propios hijos? ¿Está tu cónyuge sopesando la opción de un divorcio?

Independientemente de dónde te encuentres cuando leas estas palabras, no tienes por qué quedarte atascado donde estás. No siempre podemos decidir lo que nos sucede, pero siempre podemos decidir cómo responder. El primer paso es apropiarte de tu propia situación específica y tomar la responsabilidad de las decisiones que condujeron hasta ella. Solamente entonces puedes comenzar a crear, experimentar y disfrutar un futuro diferente.

Aquí tenemos una buena manera de ilustrar la transformación que es posible si te comprometes a la Doble Ganancia. Gail y yo (Michael) estamos ahora en una posición para tomar treinta días libres cada verano. Lo llamamos nuestro tiempo sabático anual. Nos desconectamos completamente del negocio. Contrario al modo en que yo operaba cuando nuestras hijas eran pequeñas, no recibo correos electrónicos ni respondo llamadas telefónicas. Tomé la decisión de estar plenamente presente.

> No siempre podemos decidir lo que nos sucede, pero siempre podemos decidir cómo responder.

Este verano en particular viajamos a Jackson, Wyoming, por varias semanas para hacer senderismo, pesca con mosca, respirar aire fresco de la montaña, y dormir muchas siestas. Fue enormemente renovador. La noche antes de irnos, Gail me dijo: "Me gustaría que mañana nos levantáramos para ver el amanecer". Habíamos dormido hasta tarde, de modo que no habíamos visto salir el sol en ese rincón del cielo ni siquiera una vez.

Yo dije: "¿A qué hora tenemos que levantarnos?".

Ella sonrió. "A las 4:00 de la mañana nos permitiría llegar a tiempo".

Tienes que estar bromeando, pensé. En cambio, fui optimista y dije: "Muy bien, cariño, vamos a hacerlo". Cuando llegó la madrugada, estuve tentado a pulsar el botón de pausa en el despertador para que me despierte unos minutos después. Si lo hubiera hecho, me habría perdido una experiencia increíble. Después de beber una taza de café, condujimos hasta el Lago Jenny, tomamos el ferry hasta el muelle oeste, y subimos al *Inspiration Point.*

Llegamos a la cumbre, nos sentamos en una roca, y quedamos abrumados por la asombrosa vista del Lago Jenny. El agua color azul pastel y parecida al cristal servía como lienzo, reflejando como un espejo la temprana luz del sol en la madrugada. Más allá del extremo del lago creado glacialmente, teníamos una vista panorámica de la ciudad de Jackson Hole. Desde nuestra ubicación, veíamos el *Cathedral Group*, un conjunto de tres montañas de más de doce mil pies de altura (*Teewinot, Monte Owen* y *Grand Teton*) que enmarcaban el lago con sus majestuosas formaciones rocosas.

Tras varios minutos de silencio, Gail se giró hacia mí y dijo. "Cariño, gracias por hacer posible esto. Gracias por levantarte temprano esta mañana". Agarró mi mano y añadió: "Sobre todo, gracias por darme prioridad. Me siento muy querida, y estoy muy agradecida a ti y a Dios por la oportunidad que tenemos hoy aquí".

Qué conversación tan radicalmente diferente fue aquella comparada con la conversación de la que hablé al inicio del libro. Si lo recuerdas, hace veinte años atrás Gail, entre lágrimas, me dijo que se sentía desesperanzada y abrumada como si fuera una mamá soltera. Hemos recorrido un largo camino. Repito que nuestra vida no es perfecta, pero ha mejorado sustancialmente como resultado de la decisión que tomamos de bajarnos de la rutina y tomar la senda que conduce a la Doble Ganancia.

IMAGINA UN FUTURO MEJOR

A la luz de esto, nos gustaría que imaginaras una realidad diferente para ti mismo. El culto al trabajo se desarrolla cuando nuestra imaginación se encoge. La Doble Ganancia está ante la vista cuando la imaginamos; por lo tanto, imagino un día en el que tu negocio esté creciendo exponencialmente pero no tengas que trabajar más horas; de hecho, estarás trabajando menos horas. ¿Puedes verlo? ¿Cómo lo sientes?

Imagina un día en el que eres capaz de tomar tiempo libre del negocio, desconectarte por completo durante un mes entero, con la confianza de que nada se desmoronará entre las grietas en la oficina. ¿Cómo se siente eso? ¿Comienza a fundirse un poco el estrés?

Ahora, imagina un día en el que estés ganando en el trabajo y teniendo éxito en la vida, un día en el que prosperas en el negocio que soñaste y disfrutas de la vida que siempre quisiste. Recuerda que no vas a caer por casualidad en ese tipo de destino. Tienes que diseñarlo. Las buenas intenciones no son suficientes. ¿Qué decisiones necesitas tomar para avanzar hacia un resultado deseado?

¿Por qué no comenzar diciendo adiós a estar ocupado frenéticamente en la rutina? ¿Por qué no utilizar este día para cambiar la trayectoria de tu negocio y de tu vida? No pulses el botón de pausa. Sitúate en la senda de ganar en el trabajo y tener éxito en la vida. Como nosotros podemos atestiguar, la escena es espectacular.

NOTAS

Capítulo 1: La doble ganancia

1. Rushworth M. Kidder, *How Good People Make Tough Choices*, rev. ed. (New York: Harper, 2009), p. 6.

2. Ann Burnett, como se cita en Brigid Schulte, *Overwhelmed* (New York: Picador, 2015), p. 45.

3. Andy Stanley, *The Principle of the Path* (Nashville: Thomas Nelson, 2008), p. 15.

4. Milja Milenkovic, "42 Worrying Workplace Stress Statistics", American Institute of Stress, 23 de septiembre de 2019, https://www.stress.org /42-worrying-workplace-stress-statistics.

5. Patrick J. Sherrett, "Don't Overwork Your Brain", *Harvard Business Review*, 27 de octubre de 2009, https://hbr.org/2009/10/dont-overwork-your-brain.

6. John Ross, "Only the Overworked Die Young", Harvard Health Publishing, 14 de diciembre de 2015, https://www.health.harvard.edu/blog/only-the-overworked-die-young -201512148815.

7. "Workplace Stress Continues to Mount", Korn Ferry, n.d., https://www.kornferry.com/ insights/articles/workplace-stress-motivation.

8. Meg Cadaoux Hirshber, "Why So Many Entrepreneurs Get Divorced", *Inc.*, 1 de noviembre de 2010, https://www.inc.com/magazine/201011 01/why-so-many-entrepreneurs-get-divorced.html; Sylvia Smith, "Should Entrepreneur Divorce Rate Scare You," Marriage.com, September 12, 2017, https://www.marriage.com/blog/ marriage-and-entrepreneurs/should -entrepreneur-divorce-rate-scare-you; Chirag Kulkarni, "The Toughest Job an Entrepreneur Has Is to Keep Their Marriage Together," HuffPost.com, 13 de septiembre de 2017, https://www.huffpost.com/entry/ the-toughest-job-an-entrepreneur-has-is-to-keep-their_b_59b97a37e4b02c642e4a1352.

9. Jeanne Sahadi, "Being CEO Can Kill a Marriage. Here's How to Prevent That", CNN Business, 25 de julio de 2018, https://www.cnn.com/2018/09/30/success/ceo-marriage/index.html.

10. Emma Seppala y Julia Moeller, "1 in 5 Employees Is Highly Engaged and At Risk of Burnout", *Harvard Business Review*, 2 de febrero de 2018, https://hbr.org/2018/02/1-in-5-highly-engaged-employees-is-at-risk-of-burnout.

11. Ron Carucci, "Stress Leads to Bad Decisions. Here's How to Avoid Them", *Harvard Business Review*, 29 de agosto de 2017, https://hbr.org/2017/08/stress-leads-to-bad-decisions -heres-how-to-avoid-them.

12. Bryan Caplan, "The Idea Trap", EconLog, 1 de noviembre de 2004, https://www.econlib.org/library/Columns/y2004/Caplanidea.html.

13. Caplan, "The Idea Trap".

Capítulo 2: El culto al trabajo

1. Citado en Mihaly Csikszentmihalyi, *Flow* (New York: Harper, 1991), p. 143.

2. Daniel McGinn y Sarah Higgins, "One CEO's Approach to Managing His Calendar", *Harvard Business Review*, Julio de 2018, https://hbr.org/2018/07/ one-ceos-approach-to-managing-his-calendar.

3. Yoon Ja-young, "Smartphones Leading to 11 Hours' Extra Work a Week", *Korean Times*, Septiembre de 2016, http://www.koreatimes.co.kr/www/news/nation/2016/09/488_207632.html.

4. Jennifer J. Deal, "Always On, Never Done?" Center for Creative Leadership, 2015, https:// cclinnovation.org/wp-content/uploads/2020/02 /alwayson.pdf.

5. Derek Thompson, "Are We Truly Overworked? An Investigation— in 6 Charts", *Atlantic*, Junio de 2013, https://www.theatlantic.com/magazine/archive/2013/06/are-we-truly-overworked/309321.

6. John Maynard Keynes, "Economic Possibilities for Our Grandchildren" (1930), en Lorenzo Pecchi y Gustavo Piga, eds., *Revisiting Keynes* (Cambridge: MIT Press, 2008), p. 23.

7. Bertrand Russell, "In Praise of Idleness", *Harper's*, Octubre de 1932, https://harpers.org/archive/1932/10/in-praise-of-idleness. See also A. J. Veal, *Whatever Happened to the Leisure Society?* (New York: Routledge, 2019), p. 79.

8. Citado en Veal, *Whatever Happened*, p. 86.

9. Rutger Bregman, *Utopia for Realists* (New York: Back Bay, 2017), p. 134.

10. "The Futurists: Looking Toward A.D. 2000", *Time*, 25 de febrero de 1966, http://content.time.com/time/subscriber/article/0,33009,835128-1 ,00.html.

11. Más adelante, la empresa fue adquirida y absorbida en Thomas Nelson, como uno de sus sellos de marca. Hoy tiene el nombre de W Publishing. Nelson mismo fue adquirido más adelante por HarperCollins.

12. Ryan Avent, "Why Do We Work So Hard?" *1843*, Abril/Mayo de 2016, https://www.1843magazine.com/features/why-do-we-work-so-hard.

13. Avent, "Why Do We Work So Hard?".

14. Avent, "Why Do We Work So Hard?".

15. Edmund S. Phelps, "Corporatism and Keynes", en Pecchi y Piga, eds., *Revisiting Keynes*, p. 101.

16. Alain de Botton, *The Pleasures and Sorrows of Work* (New York: Pantheon, 2009), p. 30.

17. Mihaly Csikszentmihalyi, *Finding Flow* (New York: Basic Books, 1997), pp. 30–32.

18. Csikszentmihalyi, *Finding Flow*, p. 31.

19. Csikszentmihalyi, *Finding Flow*, p. 49.

20. Csikszentmihalyi, *Flow*, p. 158.

21. Csikszentmihalyi, *Flow*, p. 159.

22. While people experience flow about half their working hours, Csikszentmihalyi's studies show they experience it only 18 percent during leisure activities. They find work more engaging, more challenging than their chosen leisure activities. Csikszentmihalyi, *Flow*, 159.

23. Tim Kreider, "The 'Busy Trap'", *New York Times*, 30 de junio de 2012, https://opinionator.blogs.nytimes.com/2012/06/30/the-busy-trap.

24. Florence King, "Misanthrope's Corner", *National Review*, Mayo de 2001.

25. Silvia Bellezza et al., "Conspicuous Consumption of Time: When Busyness and Lack of Leisure Time Become a Status Symbol", *Journal of Consumer Research* 44.1, Junio de 2017, https://academic.oup.com/jcr /article/44/1/118/2736404.

26. Burnett, como se cita en Schulte, *Overwhelmed*, pp. 44–45.

27. Jack Welch, como se cita en Jody Miller y Matt Miller, "Get A Life!", *Fortune*, 28 de noviembre de 2005, https://archive.fortune.com/magazines/fortune/fortune_archive/2005/11/28/8361955/index.htm

28. David Steindl-Rast, *Essential Writings*, ed. Clare Hallward (Mary- knoll: Orbis, 2016), p. 111.

29. Kieran Setiya, *Midlife: A Philosophical Guide* (Princeton: Princeton University Press, 2017), pp. 133–38.

30. Setiya, *Midlife*.

31. David Kestenbaum, "Keynes Predicted We Would Be Working 15- Hour Weeks. Why Was He So Wrong?", NPR, 13 de agosto de 2015, https://www.npr.org/2015/08/13/432122637/keynes-predicted-we-would-be-working-15-hour-weeks-why-was-he-so-wrong.

32. Russell, "In Praise of Idleness".

Capítulo 3: Nuestras vidas multifacéticas

1. Anne-Marie Slaughter, *Unfinished Business* (New York: Random House, 2016), *xvii*.

2. Michael J. Coren, "The Days and Nights of Elon Musk: How He Spends His Time at Work and Play", Quartz, 8 de junio de 2017, https://qz.com/1000370/the-days-and-nights-of-elon-musk-how-he-spends-his-time-at-work-and-play.

3. Neer Varshney, "Elon Musk Getting Richer Faster Than Any Other Billionaire This Year", Benzinga.com, 3 de febrero de 2020, https://www.ben zinga.com/news/earnings/20/02/15243207/elon-musk-getting-richer-fast er-than-any-other-billionaire-this-year.

4. Elon Musk, entrevista con Bambi Francisco Roizen, "Elon Musk: Work Twice as Hard as Others", Vator.TV, 23 de diciembre de 2010, http://vator.tv/news/2010-12-23-elon-musk-work-twice-as-hard-as-others.

5. Musk, entrevista con Roizen.

6. Ryan Nagelhout, *Elon Musk: Space Entrepreneur* (New York: Lucent Press, 2017), p. 46.

7. Elien Blue Becque, "Elon Musk Wants to Die on Mars", *VanityFair.com*, 10 de marzo de 2013, https://www.vanityfair.com/news/tech/2013/03 /elon-musk-die-mars?verso=true.

8. Becque, "Elon Musk Wants to Die on Mars".

9. Zameena Mejia, "Elon Musk Sleeps Under His Desk, Even After a YouTube Star Raised $9,000 to Buy Him a Couch", cnbc.com, 2 de julio de 2018, https://www.cnbc.com/2018/06/29/elon-musk-sleeps-under-a-desk-even-after-youtuber-crowdfunded-a-couch.html.

10. Coren, "Days and Nights of Elon Musk".

11. Sarah Gray, "A Shocking Percentage of Americans Don't Exercise Enough, CDC Says", Fortune.com, 28 de junio de 2018, https://fortune.com/2018/06/28/americans-do-not-exercise-enough-cdc/.

12. Julia Horowitz, "Americans Gave Up Half of Their Vacation Days Last Year", *CNN Money*, 25 de mayo de 2017, https://money.cnn.com/2017 /05/24/news/vacation-days-unused/index.html; Jessica Dickler, "Many US Workers Are Going to Lose Half Their Vacation Time This Year", CNBC, 20 de noviembre de 2018, https://www.cnbc.com/2018/11/20/us-workers-to-forf eit-half -their-vacation-time-this-year.html.

13. Tara Kelly, "80 Percent of Americans Spend an Extra Day a Week Working After Hours, New Survey Says", Huffpost.com, 7 de julio de 2012, https://www.huffpost.com/entry/americans-work-after-hours-extra-day-a-week_n_1644527.

14. Amy Elisa Jackson, "We Just Can't Unplug: 2 in 3 Employees Report Working While on Vacation", Glassdoor.com, 24 de mayo de 2017, https://www.glassdoor.com/blog/vacation-realities-2017.

15. Steven E. Landsburg, "The Theory of the Leisure Class", *Slate*, 9 de marzo de 2007, https://slate.com/culture/2007/03/an-economic-mystery-why-do-the-poor-seem-to-have-more-free-time-than-the-rich.html.

16. Robert Frank, "The Workaholic Rich", *Wall Street Journal*, 21 de marzo de 2007, https://blogs.wsj.com/wealth/2007/03/21/the-workaholic-rich.

17. *Atlantic* writer Derek Thompson calls this religion "workism". Ver su artículo, "Workism Is Making Americans Miserable", *Atlantic*, 24 de febrero de 2019, https://www.theatlantic.com/ideas/archive/2019/02/religion-workism-making-americans-miserable/583441.

18. Charles E. Hummel, *Tyranny of the Urgent,* rev. ed. (Downers Grove, IL: InterVarsity Press, 1967), p. 4.

19. Richard Brookhiser, *George Washington on Leadership* (New York: BasicBooks, 2008), p. 167.

20. Amy Jen Su, "6 Ways to Weave Self-Care into Your Workday", *Harvard Business Review*, 19 de junio de 2017, https://hbr.org/2017/06/6-ways-to-weave-self -care-into-your-workday.

21. Marcus E. Raichle y Debra A Gusnard, "Appraising the Brain's Energy Budget", National Institutes of Health, 6 de agosto de 2002, https://www.ncbi.nlm.nih.gov/pmc/articles/PMC124895/.

22. Eva Selhub, "Nutritional Psychiatry: Your Brain on Food", Harvard Health Publishing, 5 de abril de 2018, https://www.health.harvard.edu/blog/nutritional-psychiatry-your-brain-on-food-201511168626.

23. Sama F. Sleiman, "Exercise Promotes the Expression of Brain Derived Neurotrophic Factor (BDNF) through the Action of the Ketone Body *b*-Hydroxybutyrate", National Institutes of Health, 2 de junio de 2016, https://www.ncbi.nlm.nih.gov/pmc/articles/PMC4915811/.

24. David DiSalvo, "Why Exercising Your Legs Could Result in a Healthier Brain", *Forbes*, 27 de mayo de 2018, https://www.forbes.com/sites/daviddisalvo/2018/05/27/why-exercising-your-legs-could-result-in-a-healthier-brain/#61cbbd345235.

25. Ari Hyytinen y Jukka Lahtonen, "The Effect of Physical Activity on Long-Term Income", ScienceDirect.com, Social Science & Medicine, Vol. 96, Noviembre de 2013, https://www.sciencedirect.com/science/article /abs/pii/S0277953613004188.

26. David Whyte, *Consolations* (Langley, WA: Many Rivers, 2015), p. 182.

27. Anne Fishel, "The Most Important Thing You Can Do with Your Kids? Eat Dinner with Them", *Washington Post*, 12 de enero de 2015, https://www.washingtonpost.com/posteverything/wp/2015/01/12/the-most-important-thing-you-can-do-with-your-kids-eat-dinner-with-them/

28. Bronnie Ware, como se cita en Susie Steiner, "Top Five Regrets of the Dying", *Guardian*, 1 de febrero de 2012, https://www.theguardian.com/life andstyle/2012/f eb/01/top-five-regrets-of -the-dying.

29. Ware, como se cita en Steiner, "Top Five Regrets".

Capítulo 4: Liberación mediante limitaciones

1. Robert Keegan, *In Over Our Heads* (Cambridge: Harvard University Press, 1994), p. 154.

2. Kathleen Elkins, "Self-Made Millionaires Agree on How Many Hours You Should Be Working to Succeed", *CNBC Make It*, 15 de junio de 2017, https://www.cnbc.com/2017/06/15/self-made-millionaires-agree-on-how-many-hours-you-should-be-working.html.

3. C. Northcote Parkinson, *Parkinson's Law* (Boston: Houghton Mifflin, 1957), p. 2.

4. Tonya Dalton, "How Many Hours Do You Really Need to Work Each Week to Be Productive?" *Fast Company*, 25 de junio de 2019, https://www.fastcompany.com/90368052/how-many-hours-should-you-work-each-week-to-be-productive.

5. Erin Reid, como se cita en Sarah Green Carmichael, "The Research Is Clear: Long Hours Backfire for People and for Companies", *Harvard Business Review Ascend*, 19 de agosto de 2015, https://hbr.org/2015/08/the-research-is-clear-long-hours-backfire-for-people-and-for-companies.

6. Sara Robinson, "Why We Have to Go Back to a 40-Hour Work Week to Keep Our Sanity," AlterNet.org, 13 de marzo de 2012, https://www .alternet.org/2012/03/why_we_have_to_go_back_to_a_40-hour_work_week_to_keep_our_sanity.

7. Schulte, *Overwhelmed*, p. 139.

8. Keegan, *In Over Our Heads*, 154 (énfasis en el original).

9. Keegan, *In Over Our Heads*, pp. 152–53.

10. Phil Hansen, "Embrace the Shake", TED, febrero de 2013, https://www.ted.com/talks/phil_hansen_embrace_the_shake.

11. Hansen, "Embrace the Shake".

12. Hansen, "Embrace the Shake".

13. Oguz A. Acar et al., "Why Constraints Are Good for Innovation", *Harvard Business Review*, 22 de noviembre de 2019, https://hbr.org/2019/11/why-constraints-are-good-for-innovation.

14. Acar et al., "Why Constraints Are Good for Innovation".

15. Catrinel Haught-Tromp, como se cita en Tom Jacobs, "Constraints Can Be A Catalyst For Creativity", *Pacific Standard*, 14 de junio de 2017, https://psmag.com/news/constraints-can-be-a-catalyst-for-creativity.

16. Alex Soojung-Kim Pang, *Shorter* (New York: Public Affairs, 2020), pp. 177–79.

17. Pang, *Shorter*, p. 208.

18. Pang, *Shorter*.

19. Warren Buffett, como se cita en Amy Blaschka, "This Is Why Saying 'No' Is The Best Way To Grow Your Career—And How To Do It", *Forbes*, 26 de noviembre de 2019, https://www.forbes.com/sites/amyblaschka/2019/11/26/this-is-why-saying-no-is-the-best-way-to-grow-your-career-and-how-to-do-it/#3355469479da.

Capítulo 5: La promesa de balance

1. Richard Sheridan, como se cita en Schulte, *Overwhelmed*, 124.

2. Steve Farber, "Why Work-Life Balance Is a Lie, and What Should Take Its Place", Inc.com, 26 de septiembre de 2018, https://www.inc.com/steve-farber/work-life-balance-is-a-lie-heres-what-should-take-its-place.html.

3. Hosea Chang, "The Myth of Work-Life Balance", *Forbes*, 3 de enero de 2019, https://www.forbes.com/sites/forbeslacouncil/2019/01/03/the-myth-of-work-life-balance/#4f 2606443727.

4. Teresa Taylor, "Dispelling the Work-Life Balance Myth in Three Steps", *Huffington Post*, 3 de diciembre de 2015, https://www.huffpost.com/entry/work-life-balance-myth_b_8085338.

5. Maria Popova, "Why We Lost Leisure: David Steindl-Rast on Purposeful Work, Play, and How to Find Meaning in the Magnificent Superfluities of Life", Brain Pickings, 12 de diciembre de 2014, https://www.brain pickings.org/2014/12/22/david-steindl-rast-leisure-gratefulness.

6. Martha Stewart, as quoted in Jessica Lutz, "It's Time to Kill the Fantasy That Is Work-Life Balance", *Forbes*, 11 de enero de 2018, https://www.forbes.com/sites/jessicalutz/2018/01/11/its-time-to-kill-the-fantasy-that-is-work-life-balance/#60d99f 3970a1.

7. Walter Isaacson, *Einstein* (New York: Simon and Schuster, 2008), p. 367.

8. Myra Strober, *Sharing the Work* (Cambridge: MIT Press, 2016), p. 217.

9. Dick Costolo, como se cita en Pete Leibman, "A Fit CEO Is an Effective CEO: Why Leaders Need to Make Time for Exercise", Salon.com, 9, de septiembre de2018, https://www.salon.com/2018/09/09/a-fit-ceo-is-an-effective-ceo-why-leaders-need-to-make-time-for-exercise/.

10. Claire M. Kamp Dush et al., "Marital Happiness and Psychological Well-Being Across the Life Course", National Institutes of Health, 10 de mayo de 2013, https://www.ncbi.nlm.nih.gov/pmc/articles/PMC3650717/#R 28; Hyoun K. Kim y Patrick C. McKenry, "The Relationship Between Marriage and Psychological Well-Being: A Longitudinal Analysis", *Journal of Family Issues*, 1 de noviembre de 2002, https://journals.sagepub.com/doi/abs/10.1177/019251302237296.

11. Aristóteles, como se cita en Meg Meeker, *Raising a Strong Daughter in a Toxic Culture: 11 Steps to Keep Her Happy and Safe* (Washington, DC: Regnery Publishing, 2019), p. 11.

12. Mayo Clinic Staff, "Friendships: Enrich Your Life and Improve Your Healt,," MayoClinic.org, 24 de agosto de 2019, https://www.mayoclinic.org/healthy-lifestyle/adult-health/in-depth/friendships/art-20044860.

13. "A New Happiness Equation: Worker + Happiness = Improved Productivity", Bulletin of the Economics Research Institute 10.3, 2009, https://warwick.ac.uk/fac/soc/economics/research/centres/eri/bulletin/2009-10-3/ops/.

14. Jennifer Goldman-Wetzler, *Optimal Outcomes* (New York: HarperBusiness, 2020), p. 4.

15. Juliana Menasce Horowitz, "Despite Challenges at Home and Work, Most Working Moms and Dads Say Being Employed Is What's Best for Them", Pew Research Center, 12 de septiembre de 2019, https://www.pewresearch.org/fact-tank/2019/09/12/despite-challenges-at-home-and-work-most-working-moms-and-dads-say-being-employed-is-whats-best-for-them/.

16. Eileen Patten, "How American Parents Balance Work and Family Life When Both Work", Pew Research Center, 4 de noviembre de 2015, https://www.pewresearch.org/fact-tank/2015/11/04/how-american-parents-balance-work-and-family-life-when-both-work/.

17. Juliana Menasce Horowitz, "Who Does More at Home When Both Parents Work? Depends on Which One You Ask", Pew Research Center, 5 de noviembre de 2015, https://www.pewresearch.org/fact-tank/2015/11/05/who-does-more-at-home-when-both-parents-work-depends-on-which-one-you-ask/.

18. Schulte, *Overwhelmed*, pp. 238–39. Ver también cap. 2, "Leisure Is for Nuns".

19. Schulte, *Overwhelmed*, p. 165.

20. Michelle P. King, *The Fix* (New York: Atria, 2020), pp. 24–27. Ver también cap. 5 de Schulte, *Overwhelmed*, "The Ideal Worker Is Not Your Mother", pp. 71–96.

21. Melanie Healey, como se cita en Joann S. Lubin, *Earning It* (New York: HarperBusiness, 2016), pp. 142–43.

22. Judith Shulevitz, "Why Don't I See You Anymore?" *Atlantic*, noviembre de 2019.

Capítulo 6: Una pausa beneficiosa

1. Robert Poynton, *Do Pause* (London: Do Book Co., 2019). El epígrafe es del subtítulo del libro.

2. J. K. Rowling, como se cita en Stylist Team, "The Big Idea: Bestselling Authors Reveal the Creative Secrets and Inspirations behind Their Greatest Books", Stylist.co, https://www.stylist.co.uk/books/famous-authors-reveal-the-ideas-and-inspiration-behind-their-best-selling-books-stories-creative-writing-influences/127082.

3. Amy Watson, "Number of the Harry Potter Books Sold in the United States and Worldwide as of August 2018", Statista.com, 12 de septiembre de 2019, https://www.statista.com/statistics/589978/harry-potter-book-sales; "J.K. Rowling's 'Harry Potter' Translated to Scots, Marking 80th Language", NPR.org, 23 de noviembre de 2017, https://www.npr.org/2017/11/23/566283284/j-k-rowlings-harry-potter-translated-to-scots-marking-80th-language; David Lieberman, "Harry Potter Inc: Warner Bros' $21B Empire", Deadline.com, 13 de julio de 2011, https://deadline.com/2011/07/harry-potter-inc-warner-bros-21b-empire-146754; Emma Jacobs, "How JK Rowling Built a $25bn Business", *Financial Times*, 26 de junio de 2017, https://www.ft.com/content/a24a70a6-55a9-11e7-9fed-c19e2700005f.

4. Shulevitz, "Why Don't I See You Anymore?".

5. Kevin J. Ryan, "A Day in the Life: Bayard Winthrop, 2/22/18," *Inc.*, mayo de 2018, https://www.inc.com/magazine/201805/kevin-j-ryan/bayard-winthrop-american-giant-daily-routine.html.

6. "Work Email Onslaught: Staff Have Nowhere to Hide, US Study Finds", GFI Software, 24 de junio de 2015, https://www.gfi.nl/company/press /2015/06/work-email-onslaught-staff-have-nowhere-to-hide-us-study-finds. Referencia a estudios de tiempo diario vienen de Shulevitz, "Why Don't I See You Anymore?".

7. Adam Waytz, "Leisure Is Our Killer App", *MIT Sloan Management Review*, Verano de 2019, https://sloanreview.mit.edu/article/leisure-is-our-killer-app/.

8. Mihaly Csikszentmihalyi, *Creativity* (New York: Harper, 2013), pp. 353–54.

9. Kreider, "The 'Busy Trap'".

10. Steven Johnson, *Where Good Ideas Come From* (New York: Penguin, 2011).

11. Daniel H. Pink, *Drive: The Surprising Truth About What Motivates Us* (New York: Riverhead Books, 2009), p. 94.

12. Alec Proudfoot, como se cita en Erin Hayes, "Google's 20 Percent Factor", *ABC News*, 12 de mayo de 2008, https://abcnews.go.com/Technology/story?id=4839327&page=1.

13. Adam Robinson, "Want to Boost Your Bottom Line? Encourage Your Employees to Work on Side Projects", *Inc.com*, 12 de marzo de 2018, https://www.inc.com/adam-robinson/google-employees-dedicate-20-percent-of-their-time-to-side-projects-heres-how-it-works.html.

14. Matthew Warren, "Spending More Time on Your Hobbies Can Boost Confidence at Work—If They Are Sufficiently Different from Your Job", Research Digest, 7 de octubre de 2019, https://digest.bps.org.uk/2019/10/07/spending-more-time-on-your-hobbies-can-boost-confidence-at-work -if-they-are-sufficiently-different-from-your-job/.

15. Kevin Eschleman, como se cita en Jessica Stillman, "How Your Hob- bies Impact Your Work Performance", Inc.com, 6 de mayo de 2014, https://www.inc.com/jessica-stillman/how-your-hobbies-effect-work-perform ance.html.

16. Michael E. Hopkins et al., "Differential Effects of Acute and Regular Physical Exercise on Cognition and Affect", US National Library of Medicine, National Institutes of Health, 26 de julio de 2012, https://www.ncbi.nlm.nih.gov/pmc/articles/PMC3374855/

17. Julia Ryan, "Study: Reading a Novel Changes Your Brain," *Atlantic*, 9 de enero de 2014, https://www.theatlantic.com/education/archive /2014/01/study-reading-a-novel-changes-your-brain/282952/.

18. Viorica Marian y Anthony Shook, "The Cognitive Benefits of Being Bilingual", Cerebrum, US National Library of Medicine, National Institutes of Health, septiembre–octubre 2012, https://www.ncbi.nlm.nih.gov/pmc/articles/PMC3583091/.

19. S. Kühn et al., "Playing Super Mario Induces Structural Brain Plasticity: Gray Matter Changes Resulting from Training with a Commercial Video Game", US National Library of Medicine, National Institutes of Health, 19 de febrero de 2014, https://www.ncbi.nlm.nih.gov/pubmed/24166407.

20. Nancy Fliesler, "Does Musical Training Help Kids Do Better in School?", Boston Children's Hospital *Vector*, 19 de junio de 2014, https://vector.childrenshospital.org/2014/06/does-musical-training-help-kids-do-better-in-school.

21. Perimeter Institute, "What Great Scientists Did When They Weren't Doing Great Science: Even the Most Brilliant Minds Need to Unwind", InsideThePerimeter.ca, 16 de julio de 2014, https://insidetheperimeter.ca/what-great-scientists-did-when-they-werent-doing -great-science.

22. Terry Teachout, *The Skeptic* (New York: Harper, 2003), pp. 169–72; Frederick N. Rasmussen, "Mencken, The Musical: The Sage's Other Side", *Baltimore Sun*, 1 de septiembre de 2007, https://www.baltimoresun.com/news/bs-xpm-2007-09-01-0709010298-story.html.

Capítulo 7: Reconsiderar el sueño

1. C. S. Lewis, *The Silver Chair*, cap. 4, recopilado en *The Chronicles of Narnia* (New York, Harper, 2004), p. 571.

2. Connor M. Sheehan et al., "Are U.S. Adults Reporting Less Sleep? Findings from Sleep Duration Trends in the National Health Interview Survey, 2004-2017", *Sleep* 42.2, febrero de 2019, https://academic.oup.com/sleep/article-abstract/42/2/zsy221/5185637; Diane S. Lauderdale et al., "Objectively Measured Sleep Characteristics among Early-Middle-Aged Adults: The

CARDIA Study", *American Journal of Epidemiology* 164.1, 1 de julio de 2006, https://academic.oup.com/aje/article/164/1/5/81104.

3. A. M. Williamon y Anne-Marie Feyer, "Moderate Sleep Deprivation Produces Impairments in Cognitive and Motor Performance Equivalent to Legally Prescribed Levels of Alcohol Intoxication", *Occupational and Environmental Medicine* 57.10, octubre de 2000, https://www.ncbi.nlm.nih.gov/pmc/articles/PMC1739867/pdf /v057p00649.pdf.

4. Tara Swart, como se cita en Katie Pisa, "Why Missing a Night of Sleep Can Damage Your IQ", CNN.com, 20 de abril de 2015, https://www.cnn.com/2015/04/01/business/sleep-and-leadership/.

5. Penelope A. Lewis, *The Secret World of Sleep* (New York: St. Martin's Press, 2013), p. 18.

6. Yuval Nir et al., "Selective Neuronal Lapses Precede Human Cognitive Lapses Following Sleep Deprivation", *Natural Medicine* 23.12, 6 de noviembre de 2017, https://www.ncbi.nlm.nih.gov/pmc/articles/PMC5720899.

7. Nick van Dam y Els van der Helm, "The Organizational Cost of Insufficient Sleep", McKinsey Quarterly, 1 de febrero de 2016, https://www.mckinsey.com/business-functions/organization/our-insights/the-organizational-cost-of-insufficient-sleep.

8. Robert Stickgold, como se cita en "Get Sleep: Steps You Can Take to Get Good Sleep and Improve Health, Work, and Life", Harvard Medical School, 2013, http://healthysleep.med.harvard.edu/need-sleep/whats-in-it-for-you/judgment-safety.

9. Alex Soojung-Kim Pang, *Rest* (New York: Basic Books, 2018), p. 2.

10. David Dinges, como se cita por Tanya Basu, "CEOs Like PepsiCo's Indra Nooyi Brag They Get 4 Hours of Sleep. That's Toxic", *Daily Beast*, 21 de agosto de 2018, https://www.thedaily-beast.com/ceos-like-pepsicos-in dra-nooyi-brag-they-get-4-hours-of-sleep-thats-toxic.

11. Susan Wise Bauer, *The History of the Medieval World* (New York: Norton, 2010), p. 22.

12. Larry Alton, "Why Lack of Sleep Is Costing Us Billions of Dollars", NBC News, 2 de junio de 2017, https://www.nbcnews.com/better/better/why-lack-sleep-costing-us-billions-dollars-ncna767571.

13. Michael Thomsen, "How Sleep Deprivation Drives the High Failure Rates of Tech Startups", *Forbes*, 27 de marzo de 2014, https://www.forbes.com/sites/michaelthomsen/2014/03/27/how-sleep-deprivation-drives-the-high-failure-rates-of-tech-startups. Ver también Dan Lyons, "In Silicon Valley, Working 9 to 5 Is for Losers", *New York Times*, 31 de agosto de 2017, https://www.nytimes.com/2017/08/31/opinion/sunday/silicon-valley-work-life-balance-.html.

14. Dustin Moskovitz, como se cita en Marco della Cava, "Facebook Co-Founder Moskovitz: Tech companies risk destroying employees' lives", *USA Today*, 20 de agosto de 2015, https://www.usatoday.com/story/tech/2015/08/20/facebook-co-founder-moskovitz-says-tech-industry-destroying-personal-lives/32084685/.

15. Ruth C. White, "Secret to a Better Brain, Younger Face and Longer Life", *Psychology Today*, 16 de noviembre de 2011, https://www.psych ologytoday.com/us/blog/culture-in-mind/201111/secret-better-brain-younger-face-and-longer-life.

16. Erin J. Wamsley y Robert Stickgold, "Memory, Sleep and Dreaming: Experiencing Consolidation", National Institutes of Health, 1 de marzo de 2011, https://www.ncbi.nlm.nih.gov/pmc/articles/PMC3079906/.

17. Tom Rath, *Eat Move Sleep: How Small Choices Lead to Big Changes* (Arlington, VA: Missionday, 2013), p. 154.

18. Peter Leithart, "Daily Sabbath", Theopolis Institute, video de YouTube, 2:40, 2 de diciembre de 2019, https://www.youtube.com/watch?v=znd ktJOJprk.

19. Leithart, "Daily Sabbath".

20. "Sharpen Thinking Skills with a Better Night's Sleep", Harvard Health, marzo de 2014, https://www.health.harvard.edu/mind-and-mood/sharpen-thinking-skills-with-a-better-nights-sleep.

21. Joshua J. Gooley et al., "Exposure to Room Light before Bed-time Suppresses Melatonin Onset and Shortens Melatonin Duration in Humans", *Journal of Clinical Endocrinology & Metabolism* 96, no. 3, 1 de marzo de 2011, E463–E472, https://doi.org/10.1210/jc.2010-2098.

22. Samantha Lauriello, "This Is the Best Temperature for Sleeping, According to Experts", Health.com, 9 de julio de 2019, https://www.health.com/condition/sleep/best-temperature-for-sleeping.

23. Markham Heid, "5% of Americans Sleep with a 'Sound Conditioner'", Time.com, 4 de junio de 2019.

24. Susie Neilson, "A Warm Bedtime Bath Can Help You Cool Down and Sleep Better", NPR.org, 25 de julio de 2019, https://www.npr.org/sections/health-shots/2019/07/25/745010965/a-warm-bedtime-bath-can-help-you-cool-down-and-sleep-better.

25. Ana Sandoiu, "When's the Best Time to Take a Warm Bath for Better Sleep?", Medical News Today, 22 de julio de 2019, https://www.medical newstoday.com/articles/325818.

26. Kelly Glazer et al., "Orthosomnia: Are Some Patients Taking the Quantified Self Too Far?", *Journal of Clinical Sleep Medicine* 13.2, 15 de febrero de 2017, https://doi.org/10.5664/jcsm.6472.

27. Shannon Bond, "Losing Sleep Over the Quest for a Perfect Night's Rest", NPR Morning Edition, 18 de febrero de 2020, https://www.npr.org/2020/02/18/805291279/losing-sleep-over-the-quest-for-a-perfect-nights-rest.

28. L. J. Meltzer et al., "Comparison of a Commercial Accelerometer with Polysomnography and Actigraphy in Children and Adolescents", US National Library of Medicine, National Institutes of Health, 1 de agosto de 2015, https://www.ncbi.nlm.nih.gov/pubmed/26118555; Glazer et al., "Orthosomnia: Are Some Patients Taking the Quantified Self Too Far?".

Capítulo 8: Cómo crear tu propia doble ganancia

1. Tara Brach, como se cita en Schulte, *Overwhelmed*, pp. 277–78.

2. Anne Lamott, *Bird by Bird* (New York: Anchor, 2019), p. 105.

3. James Ullrich, "Corporate Stockholm Syndrome," *Psychology Today*, 14 de marzo de 2014, https://www.psychologytoday.com/us/blog/the-modern-time-crunch/201403/corporate-stockholm-syndrome.

4. Erin Reid y Lakshmi Ramarajan, "Managing the High-Intensity Workplace", *Harvard Business Review*, junio de 2016, https://hbr.org/2016/06/managing-the-high-intensity-workplace.

5. Erin Kelly y Phyllis Moen, "Fixing the Overload Problem at Work", *MIT Sloan Management Review*, ejemplar del verano de 2020, 27 de abril de 2020, https://sloanreview.mit.edu/article/fixing-the-overload-problem-at-work/.

6. Leslie A. Perlow, *Sleeping with Your Smartphone* (Boston: Harvard Business School Press, 2012), pp. 7–8.

7. Ver Alex Soojung-Kim Pang's *Shorter* para saber más sobre este tema.

AGRADECIMIENTOS

La filósofa británica Mary Midgley dijo una vez que escribir un libro es "como ser una hormiga cruzando la carretera". Es una tarea imponente a pesar de cuántas veces antes hayas cruzado la calle. Una cosa que hemos aprendido es que solo puedes cruzar con la ayuda de otros, todos los cuales merecen nuestro agradecimiento.

Yo (Michael) comencé este libro hablando de mi esposa, Gail, y ella es la persona perfecta para comenzar estos reconocimientos. Gail ha sido de gran aliento y apoyo para mí por más de cuarenta años ya. No hay modo alguno de que pudiera hacer lo que hago sin ella.

Yo (Megan) podría decir prácticamente lo mismo de mi esposo, Joel. La vida es una tarea de dos personas, y no puedo imaginarme vivirla sin él.

Ninguno de nosotros podría imaginar tampoco escribir este libro sin él. Joel es un verdadero genio, y siempre toma nuestras ideas y ayuda a que alcancen su pleno potencial. Este libro no habría sido lo que es sin su dirección de experto.

Estamos agradecidos por el trabajo de Bob DeMoss, quien ayudó a dar forma al bosquejo inicial del manuscrito y entrevistó a varios de nuestros clientes de *coaching* de *BusinessAccelerator®*. Y a nuestros clientes (Tiffany Bailey, Roy Barberi, Paul Bispham, Kyle Coolbroth, Tanya DiSalvo, Tamara Mosley, Chris Niemeyer, y Amy Wine), gracias por compartir sus historias tan generosamente. Todos nuestros clientes de *BusinessAccelerator* se merecen aquí un reconocimiento especial; estamos cruzando juntos esta carretera.

Eso es cierto también para nuestro equipo en Michael Hyatt & Co.: Courtney Baker, Vickie Bierman, Mike "Verbs" Boyer, Susan Caldwell, Chad Cannon, Ora Corr, Aleshia Curry, Michele Cushatt,

Trey Dunavant, Anna Edwards, Andrew Fockel, Natalie Fockel, Amy Fucci, Megan Greer, Jamie Hess, Brent High, Adam Hill, Marissa Hyatt, Jim Kelly, Elizabeth Lynch, Sarah McElroy, Renee Murphy, Erin Perry, Johnny Poole, Charae Price, Tessa Robert, Danielle Rodgers, Deidra Romero, Katherine Rowley, Neal Samudre, Jarrod Souza, Blake Stratton, Emi Tanke, Rebecca Turner, Hannah Williamson, Lawrence Wilson, Kyle Wyley, y Dave Yankowiak.

Muchas gracias a nuestro equipo editorial: nuestro agente y querido amigo, Bryan Norman de *Alive Communications*, y a todos en *Baker Publishing Group*: Dwight Baker, Brian Vos, Mark Rice, Patti Brinks, y Barb Barnes (quien podría ser la editora más paciente en el negocio).

También deberíamos mencionar a varias personas que han guiado el camino para nosotros, comenzando con nuestros *coaches* de negocio: Daniel Harkavy, Dan Meub, Ilene Muething, y Dan Sullivan. Además de ellos, los dos hemos aprendido de incontables escritores, pensadores, amigos, y otros: Stephen Covey, Ian Cron, Jason Fried, Chalene Johnson, Patrick Lencioni, Jim Loehr, John Maxwell, Stu McLaren, Bryan and Shannon Miles, Dan Miller, Cal Newport, Alex Soojung-Kim Pang, Brigid Schulte, Tony Schwartz, Andy Stanley, y muchos otros.

Si cruzar la carretera es una tarea imponente, ¿por qué hacerlo? El ímpetu principal para escribir este libro es el mismo que el ímpetu para lograr la Doble Ganancia en un principio: nuestras familias.

Para mí (Michael), son Gail y mis hijas: Megan, Mindy, Mary, Madeline, and Marissa.

Para mí (Megan), son Joel y Fionn, Felicity, Moses, Jonah, y Naomi.

El ímpetu secundario es por nuestro equipo y nuestros clientes. Queremos que todos ustedes logren la Doble Ganancia también. Esperamos que este libro les ayude durante el camino.

ACERCA DE LOS AUTORES

Michael Hyatt es el fundador y presidente de Michael Hyatt & Co., una empresa que ayuda a líderes a obtener el enfoque que necesitan para ganar en el trabajo *y* tener éxito en la vida. Expresidente y CEO de Thomas Nelson Publishers, Michael es también el creador del organizador *Full Focus Planner* y autor de éxitos de ventas del *New York Times, Wall Street Journal, y USA Today* de varios libros, entre los que se incluyen *Libre para enfocarte, Tu mejor año, Tu mejor futuro* y *Plataforma.* Su trabajo se ha presentado en *The Wall Street Journal, Forbes, Inc., Fast Company, Entrepreneur,* y otras publicaciones. Michael ha estado casado con su esposa, Gail, por más de cuarenta años. Tienen cinco hijas, tres yernos, y nueve nietos. Viven en las afueras de Nashville, Tennessee. Infórmate en MichaelHyatt.com.

Megan Hyatt Miller es la directora ejecutiva de Michael Hyatt & Co. Es también la copresentadora del podcast *Lead to Win* (Lidera para ganar), que se presenta regularmente en los Top 100 podcasts de Apple. Como arquitecto de la destacada cultura de Michael Hyatt & Co., está comprometida a ayudar a su equipo a ganar en el trabajo y tener éxito en la vida, a la vez que produce resultados fenomenales para sus clientes. Bajo su liderazgo, la empresa fue incluida en la lista de la revista *Inc.* de los mejores lugares de trabajo para 2020, que enumera a las principales empresas en los Estados Unidos por la participación de sus empleados. Cuando no está llevando a la empresa a nuevas alturas, está plenamente presente en su hogar con su esposo y sus cinco hijos en las afueras de Nashville, Tennessee.